本书为国家社科基金项目"新中国基层政府(县乡)治理体系现代化建构研究"(批准号:22BZZ042)的阶段性成果。

地方智库报告
Local Think Tank

社区重构：阳泉矿区的探索

Rebuilding Community:
Exploring of Yangquan Kuangqu District

周庆智　刘　杨　著

中国社会科学出版社

图书在版编目（CIP）数据

社区重构：阳泉矿区的探索／周庆智，刘杨著.
北京：中国社会科学出版社，2024. 12. -- ISBN 978-7-5227-4636-4

Ⅰ. D669.3

中国国家版本馆 CIP 数据核字第 20243K21A7 号

出 版 人	赵剑英	
责任编辑	王　琪	
责任校对	孙延青	
责任印制	张雪娇	

出　　版	中国社会科学出版社	
社　　址	北京鼓楼西大街甲 158 号	
邮　　编	100720	
网　　址	http://www.csspw.cn	
发 行 部	010-84083685	
门 市 部	010-84029450	
经　　销	新华书店及其他书店	
印　　刷	北京明恒达印务有限公司	
装　　订	廊坊市广阳区广增装订厂	
版　　次	2024 年 12 月第 1 版	
印　　次	2024 年 12 月第 1 次印刷	

开　　本	710×1000　1/16	
印　　张	12.5	
插　　页	2	
字　　数	169 千字	
定　　价	78.00 元	

凡购买中国社会科学出版社图书，如有质量问题请与本社营销中心联系调换
电话：010-84083683
版权所有　侵权必究

《阳泉市抓党建促基层治理能力提升专项行动创新成果丛书》编委会

主　　　编：周庆智

编委会成员（以姓氏笔画为序）

　　　　　　马宝成　王　茵　王炳权　王敬尧

　　　　　　孔繁斌　张小劲　张明军　周庆智

　　　　　　赵树凯　党国英　崔智林　景跃进

编　　　务：刘　杨　王　琪

目　　录

前　言 ………………………………………………………（1）

**第一章　阳泉矿区实践："政党组织社会"与社区
　　　　治理现代化** ………………………………………（7）
　　第一节　"政党组织社会" ………………………………（8）
　　第二节　中国社区的变迁 ………………………………（14）
　　第三节　社区的重构：阳泉矿区的探索 ………………（17）

第二章　以领导力为核心的政治机制 …………………（37）
　　第一节　以思想建设为中心 ……………………………（37）
　　第二节　以组织建设为重心 ……………………………（46）

第三章　以组织力为中心的组织机制 …………………（50）
　　第一节　支部建在"单位"上 …………………………（51）
　　第二节　支部融入社区治理 ……………………………（54）
　　第三节　社区再组织化 …………………………………（58）

第四章　以凝聚力为中心的吸纳机制 …………………（64）
　　第一节　发挥社区党员的先锋模范作用 ………………（64）
　　第二节　提升社区党员干部队伍治理能力 ……………（69）

第五章　基于需求—回应机制的社区服务体系……（76）
- 第一节　健全公共服务制度体系……（77）
- 第二节　社会参与组织化……（86）
- 第三节　民意吸纳制度化……（91）
- 第四节　"三治融合"社区建设……（97）

第六章　"政党组织社会"的阳泉矿区实践：基于调查数据的检验……（115）
- 第一节　政治机制……（119）
- 第二节　组织机制……（127）
- 第三节　吸纳机制……（137）
- 第四节　服务机制……（147）
- 第五节　数据检验概括……（154）

第七章　社区重构：阳泉矿区个案的治理意义……（157）
- 第一节　以政党为中心的社区重构……（158）
- 第二节　基于需求—回应机制的社区治理体系……（163）
- 第三节　转型与重构：中国社区的未来……（169）

附录　"政党组织社会"调查问卷……（184）

参考文献……（192）

后　记……（194）

前　言

（一）

阳泉矿区是阳泉市的 5 个建制县（区）之一，管辖面积 87.27 平方千米，辖 6 个街道、44 个社区、12 个托管行政村，根据 2023 年人口抽样调查数据，全区人口为 22.54 万人。

阳泉矿区现今的社区结构建立在企业单位制基础上。换言之，阳泉矿区的社区重构不仅要完成从企业单位向社区社会化的转型，即产业工人不再依附于单位，而是依托于社区，从单位人转变为社会人，而且还要大力推进农村社区向城镇社区转型（所谓"村改居"）的城镇化建设。故此，阳泉矿区的社区重构包括新的社区治理体系的建构和"城乡融合"两个相辅相成的过程。

从传统社区结构（单位制）向现代社区结构（社区制）转型，阳泉矿区以党建引领社区建设为中心，初步形成"四大体系"：坚持一核引领、多元参与，构建一贯到底的责任体系；做强街道、做优社区，构建有效覆盖的组织体系；注重融合共享、同频共振，构建互联互通的运行体系；实现资源整合、重心下移，构建治理高效的服务体系，助推城市基层治理体系和治理能力不断提升。

阳泉矿区的社区重构是中国共产党"政党组织社会"的一个典范。其理论与实践的逻辑源于：中国共产党是一个高度嵌入社会肌体的使命型政党，同时也是一个引领社会、形塑社会的政党。通过组织社会来赢得革命、建设和改革的动力支持，实现经济社会发展、政治基础巩固和社会秩序稳定。阳泉矿区重塑基层社区的治理实践是对中国共产党"政党组织社会"理论的践行，阳泉矿区的经验证明了政党主导型国家的政党理论原理：政党融入社会，在于整合、组织社会。在整合社会的过程中，政党对社会进行引领，从而实现政党与社会一体化。

阳泉矿区社区重构的实践经验具有丰富的理论意义与现实意义。理论意义在于，它为丰富和发展"政党组织社会"的国家治理理论提供了一个实证研究样本；实践意义在于，它为城市基层社区治理现代化提供了一个可参照的、成熟的、完整的政策实践样本。

（二）

在政党政治理论上，"政党组织社会"的实质内涵体现在政党与社会之间的关系上：政党与各个社会群体之间是如何互动的？政党与社会群体之间的边界是如何被定义的？政党与社会群体之间的关系如何影响了政党的兴衰？质言之，"政党组织社会"最终要回应这样一个带有根本性的问题：政党是否能够长久占据执政地位，取决于其如何塑造社会或者是否拥有塑造社会的能力。

"政党组织社会"的理论逻辑源于马克思主义对政党与社会关系的论述：作为一种政治现象，亦即上层建筑的一部分，政党与经济基础这一塑造社会的结构性力量之间的关系是互动的、辩证的。正如马克思在《〈政治经济学批判〉序言》中所论述的那样，一个社会的生产方式，尤其是蕴含在生产方式中的社会关系，是一切上层建筑的前提，为政治生活的展开提供必要的基础。[①]

---

① 《马克思恩格斯文集》（第二卷），人民出版社2009年版，第591页。

"政党组织社会"表述的是这样一种辩证关系：一方面，当社会群体形成共同的身份认同和利益诉求之后，政党作为这些社会群体的反映而出现，其后续的变化也是被这些社会群体的变化所塑造的；但另一方面，作为行动主体的社会群体这个范畴并不是自发出现的，而是被政党塑造出来并不断塑造的，也就是说，是政党的政治行动将多元而分散的个体民众聚合成具有统一身份认同和利益诉求的社会群体。① 换言之，马克思主义的"政党—社会关系"理论，既强调已存在的社会结构与社会群体对政党的塑造作用，也强调政党本身作为能动主体对社会的塑造。因此，上述两个方面（"政党反映社会"或"政党塑造社会"）的辩证阐释，只是马克思主义"政党—社会关系"理论的两个维度而已。

概言之，马克思主义关于"政党—社会关系"的总体性辩证逻辑是这样：任何政治行动者和社会主体的诞生，都有其社会结构前提；但作为前提的社会结构本身，则需要通过政党的政治行动加以转化，才能塑造出具体的政治行动者和社会主体，亦即政党与社会之间是一种不断互动、相互交织的关系。

（三）

作为马克思主义政党，中国共产党是通过有效组织社会取得革命胜利和社会主义建设成就的使命型政党，亦即这种使命型政党以有效组织社会为根本依靠力量，在不同时期、不同阶段，使命型政党都极为重视社会和自身的组织建设。②

在新民主主义革命时期，中国共产党高度重视无产阶级政

---

① 张跃然：《反映社会还是塑造社会？——国外社会学讨论"政党—社会关系"的两条路径》，《社会学研究》2018年第3期。

② 唐亚林：《使命—责任体制：中国共产党新型政治形态建构论纲》，《南京社会科学》2017年第7期。

党在宣传和组织群众中的重要作用，并做出深刻的阐述。毛泽东同志在《关心群众生活，注意工作方法》中强调："革命战争是群众的战争，只有动员群众才能进行战争，只有依靠群众才能进行战争"，"我们是革命战争的领导者、组织者，我们又是群众生活的领导者、组织者"。①

进入社会主义革命和建设时期，中国共产党遵循"政党—群众"逻辑来处理其与社会之间的关系，特别是改革开放后，中国共产党将其代表性扩展至中国"最广大人民群众"。2012年，党的十八大通过的新修订的《中国共产党章程》中明确表述："中国共产党是中国工人阶级的先锋队，同时是中国人民和中华民族的先锋队，是中国特色社会主义事业的领导核心，代表中国先进生产力的发展要求，代表中国先进文化的前进方向，代表中国最广大人民的根本利益。"②

在改革开放和社会主义现代化建设新时期，随着市场经济的发展及单位制的解体，社会治理的环境、任务、目标和方式等都发生了较大变化。中国社会治理的本质特征是中国共产党领导，党与国家的关系决定了党的领导是党执政的前提，而党的执政是党的领导的具体体现，也就是说，党执政的本质内涵是党通过国家的政权领导组织和管理社会，实现党对国家和社会的领导核心作用。③

进入中国特色社会主义新时代，党不仅要解决社会的组织化问题，而且还要解决如何引领社会治理的问题，即确保党的领导核心地位，发挥党组织引领、凝聚和服务基层社会的功能。在这里，党引领社会是要赋予社会较强的自主性。也就是说，党对社会的组织问题，需要以提升党的组织力为重点，是要建

---

① 《毛泽东选集》（第一卷），人民出版社1991年版，第136、139页。
② 《中国共产党章程》，人民出版社2012年版，第1页。
③ 林尚立：《党、国家与社会：党实现领导核心作用的政治学思考》，《中共天津市委党校学报》2001年第1期。

构一个"党委领导、政府主导、社会协同、公众参与、法治保障"的社会治理体制,实现政府治理与基层群众、社会力量自治的良性互动。因此,新时代的基层党组织与社会之间的关系不仅是"再组织化"的问题,而且更是基层党组织如何组织、引领社会的问题。党的"政党组织社会"的治国理政理念被赋予了更丰富、更具有时代性的理论意义和现实意义。

(四)

本报告将阳泉矿区基层社区的重构纳入"政党组织社会"的理论框架之中。这个理论框架的逻辑关系是:特定的社会结构为党组织组织、引领基层社会的路径和方式提供了社会基础,而党组织也通过其组织架构、制度安排、价值引领、资源整合等对社会予以重组与再造。在基层党组织与社会相互交融、渗透的过程中,党的组织和引领功能得以实现。在实践中,基层党组织组织、引领社会的机制表现为政治机制、组织机制、吸纳机制和服务机制,来实现对社会(社区)的组织嵌入、资源整合与价值引领,它们分别构造了基层党组织重构基层社区的领导力、组织力、凝聚力和回应力,使基层党组织真正融入基层社会治理之中。

"党组织组织、引领社会"这一主导性的关键特征对本研究具有关键性的方法论意义,也就是说,在阐释以党建引领为中心的阳泉矿区治理创新实践时,对党、国家与社会三者之间的关系必须加以通盘考虑,而党政关系与国家—社会关系的联结是考察这一问题的具体进路。党、国家、社会的三分框架或三组关系是阐释阳泉矿区基层社区重构及其治理创新实践的分析维度和认知范式,亦即把基层社区重构理解为新时代执政党重新组织社会的一种模式和形态。

本报告以传统的单位制向现代社区制转型为结构性背景,

主要从政治机制、组织机制、吸纳机制和服务机制四个维度，来分析阳泉矿区以党建为中心重塑基层社区的制度机制。其中，政治机制涉及党的领导力建设，主要目的是增强党的领导功能；组织机制涉及党的组织力提升，主要目的是增强党的组织功能；吸纳机制涉及党的凝聚力建设，主要目的是增强党的社会动员功能；服务机制涉及党的回应力建设，主要目的是增强党的社会回馈功能。在这四大机制中，政治机制居于首位，它有利于巩固党组织的领导地位。组织机制是载体，吸纳机制是保障，服务机制是途径。总之，政治机制、组织机制、吸纳机制和服务机制这四大机制共同支撑了本报告"政党组织社会"的实证分析框架。

本报告采用定性研究与定量研究相结合的方法，具体方法包括：（1）个案研究法。对阳泉矿区具有代表性的创新实践进行实地调研，并对个案进行比较研究。（2）深度访谈法。就典型性或普遍性问题，对不同的城乡（镇）社区，进行深度访谈，深化对专项问题的认识。（3）文本分析法。对阳泉矿区关于基层党建工作的文本材料进行比较分析。定性研究方法在代表性和一般性方面具有局限性，为了克服这一点，本报告采用调查问卷方法，并对更大范围内的基层治理情况做了一般性的归纳、概括和分析，试图找出与本课题研究对象具有共性关联的方面，这个工作在一定程度上弥补了定性研究方法的不足。

本报告的资料来源由三个部分构成：一是实地获取的调研资料，包括通过访谈、座谈、专题调研、现场参与观察等获得的资料。二是文本资料，包括所调研街道社区提供的文本资料以及其他有关基层治理工作方面的文本资料；有关政策文件，包括党政系统对党建引领基层治理现代化要达到的奋斗目标、遵循的行动原则、完成的明确任务、实行的工作方式、采取的一般步骤和具体措施等方面的重要讲话和政策要求等相关文件。三是问卷调查数据资料，以及阳泉矿区党政相关部门的经济社会发展统计数据资料等。

第一章　阳泉矿区实践:"政党组织社会"与社区治理现代化

从企业单位向社区化转型或从单位制向社区制转型,以党建为中心重塑基层社区治理体系,提升以党组织为中心的基层治理能力建设,这是改革开放以来包括阳泉矿区在内的中国社会治理创新实践的基本治理形态和核心模式。

中国的社会治理以党为中心,"政党组织社会"主要是通过建构四个机制(政治机制、组织机制、吸纳机制、服务机制)确立其与社会关系的总体架构,在这一过程中,通过三个维度即组织嵌入、价值引领、资源整合发挥政治领导和政治引领作用,形成"政党组织社会"的领导力、组织力、凝聚力和回应力。

中国国家体制的政党政治影响因素对中国的社会政治和社会关系发挥着实质性的影响,它是国家权力、基层社会秩序的合法性来源,它规定了中国社会治理现代化范畴的政治社会秩序的原则和依据、组织基础与社会基础、公共权威与公众的关系及社会整合形式和社会组织管理方式。故此,只有明确这样一个政党与社会的关系之后,我们才能够对阳泉矿区以基层党建为中心重塑社区的治理创新实践做出准确、全面、系统、完整的总结、概括和分析。

第一节 "政党组织社会"

马克思主义关于政党与社会关系的论述，既强调既存的社会结构与社会群体对政党的塑造作用，也强调政党本身作为能动主体对社会的塑造作用。这一辩证思想蕴含的两个维度：一个是"政党反映社会"的维度，即强调已存在的社会结构与社会群体对政党的塑造作用；另一个是"政党塑造社会"的维度，即强调政党本身作为能动主体对社会的塑造。换言之，"社会主义国家政党政治视域下政党与社会的关系……既是一个政党来源于社会，政党以社会为基础的关系，又是一个政党服务社会，社会有赖于政党实现自身利益的关系"①。政党作为现代化最重要的整合性力量，已经成为发展中社会现代化的工具。政党在所有现代社会的现代化竞争中如此重要，以至于不同社会所走的现代化道路往往是由政党决定的。② 换言之，现代化社会往往是多元的社会，如何将原生的社会势力糅合为单一的民族政治共同体十分重要，这一问题的解决主要依赖政党制。由此，才能够理解为什么现代政党往往是决定现代化道路的基础性力量。

中国共产党是马克思主义执政党，中国共产党领导社会主义现代化建设，既是中国式现代化最显著的特征，也是中国式现代化最基本的经验事实。中国共产党的组织化能力与中国式现代化最迫切的内在需求之间的契合性，是其能够有力推动中国现代化历史进程的根本原因。中国共产党之所以能够如此，

---

① 王韶兴：《社会主义国家政党政治百年探索》，《中国社会科学》2017年第7期。

② [美] 塞缪尔·P. 亨廷顿：《变化社会中的政治秩序》，王冠华、刘为等译，上海人民出版社2008年版，第382页。

是因为它从基层社会开始建立与国家政权相联结的各级组织。① "中国现代化的成功之处,应归功于共产党和国家为特定目标而对技能和资源所进行的审慎而有计划的动员。假如说有一个特征使今日中国现代化格局特别地不同于其他国家的话,那就是它的组织能力"②,"由于有了中国共产党,中国保持了对于一个有着如此规模和如此多样性的发展中国家来说确实令人惊叹的强大的行政能力"③。总之,中国作为典型的后发现代化国家,一直坚持和加强党的领导,集中动员和组织弥散在社会中的各种治理资源和政治力量,发挥党总揽全局、协调各方的作用,纠正了国家现代化发展中出现的一些偏离人民利益、目标短期化、经济社会发展不平衡、政策不稳定不可持续等阻碍社会主义现代化进程的问题。

中国共产党基层党组织的组织力建设,是中国社会治理现代化的核心特征。这是由中国共产党在国家与社会关系中的位置所决定的。第一,无论是从结构上还是从功能上看,作为执政党的中国共产党不同于世界政治现象中的一般意义上的政党,事实上它构成了一种社会公共权力。④ 第二,中国共产党既是执政力量,也是领导力量。作为执政的力量,其是政治制度的实际操作者;作为领导的力量,其可以不依赖政治制度即国家制度,而拥有实际的政治力量。第三,党组织具有相对独立性,在政府系统之外存在着广大的党员以及嵌入整个社会的党的基

---

① [美]杜赞奇:《文化、权力与国家:1900—1942年的华北农村》,王福明译,江苏人民出版社2010年版,第214页。
② [美]吉尔伯特·罗兹曼主编:《中国的现代化》,国家社会科学基金"比较现代化"课题组译,江苏人民出版社1995年版,第671页。
③ [美]李侃如:《治理中国:从革命到改革》,胡国成、赵梅译,中国社会出版社2010年版,第246页。
④ 胡伟:《政府过程》,浙江人民出版社1998年版,第98页。

层组织。也就是说，在国家与社会关系中，作为中国社会领导核心的中国共产党具有决定性的作用。这就意味着中国社会的权力关系与一般国家的权力关系有很大差别，这种差别决定了不能直接用国家与社会的二分法来研究中国问题，而是要充分考虑中国共产党作为一种特殊的政治力量在国家生活、社会生活以及国家与社会关系中的重要作用。①

也就是说，以基层党组织组织力建设为中心，实现社会治理现代化，首先就要确认政党的性质或类型，即政党与国家公权力的关系。在政党国家体制（party-state system）中，政党与国家融为一体，② 在这个意义上，中国共产党作为整体的政党，可以被看作国家的复本（a duplication of the state），它既在国家中，也同时在社会中。进一步讲，中国共产党是国家的组织者和建设者，它不是一个社会组织，而是中国社会的领导核心和组织核心，国家治理和社会治理以政党为组织领导核心，是一种建立在民主集中制基础上的政党中心主义的社会治理模式，也就是说，政党领导和引领社会治理是当下中国地方（基层）治理中最为核心的一种模式。（见图1—1）

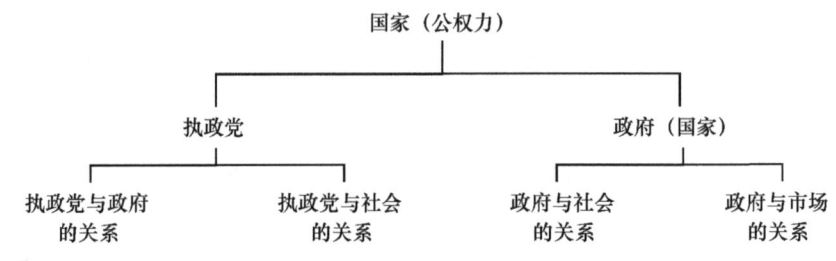

图1—1 社会治理体系的概念框架及关系范畴

---

① 林尚立：《集权与分权：党、国家与社会权力关系及其变化》，载陈明明主编《革命后社会的政治与现代化》，上海辞书出版社2002年版，第152—153页。

② ［意］G. 萨托利：《政党与政党体制》，王明进译，商务印书馆2006年版，第71页。

综上所述,党、国家、社会三者关系的变化,尤其是党在国家与社会关系范畴中的位置,决定了国家与社会关系的性质。换言之,在国家与社会关系中,渗透着党与国家的关系以及党与社会的关系,把握了这一基本关系,就能够把握中国地方政府治理体系现代建构的整个过程。(见图1—2)

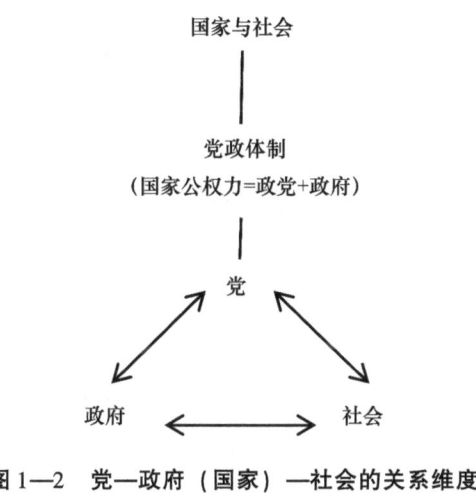

图1—2 党—政府(国家)—社会的关系维度

政党的目标追求和政治实践活动涉及对国家权力的掌控与运用,以及对整个国家体系和社会体系的领导与治理。这一切都对政党的领导能力和治理能力有着特殊的要求,对政党自身组织体系的科学构建和高效协作也有着更高的要求。政党不仅要领导和管理自己的组织成员,还要带领组织成员去管理国家和社会等,因此,"政党组织社会"这一概念有着政党所应具备的领导能力、执政能力、管理能力和组织能力的综合内涵。

亦如前述,"政党组织社会"的过程同时也是政党对社会的塑造过程。政党在组织或塑造社会的过程中,必须将自身融入社会、植根于社会,而不能外在于社会。中国共产党的群众路线体现的就是政党组织社会、塑造社会的理念和方法。所以,政党融入社会,并不仅仅是为了塑造社会,而在于整合、组织社会。在整合社会的过程中,政党对社会进行政治引领,实现政党与社会一体化。①

在革命年代和改革开放之前，中国共产党肩负着夺取革命胜利和在较短时期内实现赶超型现代化战略目标的重任，需要对社会进行高度组织化，汲取有限的资源，集中力量办大事。在那些时期，党需要解决的是社会的组织化问题，使整个社会都整合成一个紧密的政治共同体。②

改革开放后，中国共产党组织社会的命题发生了新的改变。由于城镇化和市场化属于变革社会组织模式的结构性力量，原来作为"政党组织社会"的基本机制的单位制逐渐解体，社会从原来与政权组织对接、互嵌的严密组织状态向离散、碎片化的组织状态发展（见图1—3）。因此，此时的执政党面临着两方面的巨大挑战：一方面，党组织社会的原有模式的基础（即单位制）解体了，党必须找到并发展与社会新的连接模式；另一方面，单位制解体所带来的社会变迁效应使社会个体的行为、利益缺乏组织化协调，使得政府（国家）不得不直接地面对无数的社会个体，在失去中间组织协调（过去是企事业单位）的情况下，社会治理事务变得杂乱、繁多，社会治理出现局部失序状况。上述治理结构的变化，对党原来组织社会的模式和机制形成了巨大的冲击力，并由此形成一些社会不稳定因素以及治理议题的凸显化。

重塑中国社会治理体系，至关重要的是发挥党组织对基层社会治理的组织和引领作用。在党的十九大报告中，习近平总书记强调："要以提升组织力为重点，突出政治功能，把企业、

---

① 已有研究者指出，在西方现代政党政治中，政党扮演着国家与社会的连接器角色，政党并未融入社会，二者没有实现一体化。参见肖存良《政党与社会的一体化：中国共产党执政规律新认识》，《甘肃理论学刊》2013年第5期。

② 陈明明：《在革命与现代化之间——关于党治国家的一个观察与讨论》，复旦大学出版社2015年版，第152—192页。

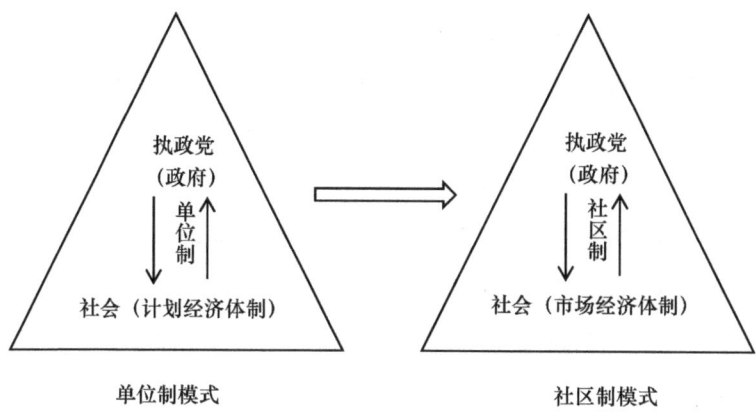

图 1—3 "政党组织社会"的模式变迁

农村、机关、学校、科研院所、街道社区、社会组织等基层党组织建设成为宣传党的主张、贯彻党的决定、领导基层治理、团结动员群众、推动改革发展的坚强战斗堡垒。"① 2019 年 5 月,中共中央办公厅印发的《关于加强和改进城市基层党的建设工作的意见》指出:"城市基层党组织是党在城市全部工作和战斗力的基础……加强和改进城市基层党建工作,把城市基层党组织建设成为宣传党的主张、贯彻党的决定、领导基层治理、团结动员群众、推动改革发展的坚强战斗堡垒。"②

综上所述,中国共产党是中国社会的领导核心,党的领导核心作用是通过党的正确路线方针、党的有效执政和党的全面整合来实现的。随着改革开放的深入,中国步入了社会主义市场经济时代,进入新的发展时期。社会主义市场经济的发展使中国社会发生了深刻变化,出现了经济成分和经济利益的多样化、社会生活方式的多样化、社会组织形式的多样化以及就业岗位和就业形式的多样化。中国社会的深刻变化是党有效领导

---

① 《习近平谈治国理政》(第三卷),外文出版社 2020 年版,第 51 页。
② 《中办印发〈关于加强和改进城市基层党的建设工作的意见〉》,《光明日报》2019 年 5 月 9 日第 3 版。

中国社会发展的结果,但是变化的社会在新的历史条件下给党如何进一步有效地实现领导核心作用提出了新的挑战。中国社会发展的历史经验和内在逻辑表明,中国特色社会主义现代化建设事业不能没有党的领导。因此,在新的历史时期和新的社会条件下,党如何依据时代和社会发展的要求,通过发展和完善党的领导体系,有效实现党对中国社会的领导核心作用,直接关系到中国特色社会主义现代化建设事业的成败。

第二节　中国社区的变迁

"社区"(community)是指生活于同一地区的人口,亦指由一群具有共同意识和认同感或相同国籍、身份或宗教信仰的人组成的特定群体以及构建的制度或生活方式。社区共同体是一个以归属感、传统和习惯为基础的社会关系概念,亦即,相互依赖的关系和社区情感认同是社区共同体得以维系的关键。① 或者说,社区共同体立基于所谓的"本质意志"(意向、习惯、回忆)之上。

中国的社区变迁乃是中国现代国家建构(state-building)的一个基础部分,后者的目标就是重塑社会,或如费孝通所指出的"规划的社会变迁"(planned social change)。② 国家权力向社区延伸,使社区成为国家的基础单元,实现国家工业化、现代化,而贯穿其中的历史逻辑和制度逻辑则是强化国家财税汲取

---

①　桑德斯:《社区论》,徐震译,黎明文化事业股份有限公司1982年版,第16页。

②　费孝通指出,民国时期的地方行政制度的设立是"规划的社会变迁"(planned social change),从历史上看,地方行政制度的设置与现代国家建构密切相关,是国家对社区控制的延伸,是社会变迁的目标之一(参见费孝通《江村农民生活及其变迁》,敦煌文艺出版社1997年版,第9页)。

和社会动员及控制能力。在这一过程中,中国的社区成为国家权力的一个功能实现部分。新中国成立以来,中国社会发生了巨大的结构性变迁,社区成为国家政权统治的一个基础单位,被纳入国家管制体系的现代再造过程当中。① 从国家与社会关系的变迁上看,大致可以将中国的社区发展划分为三个阶段。

第一阶段,清末至民国国家权力不断深入基层社区,但并没有从根本上改变传统社区结构和社会联系形式。清末至民国,国家权力深入乡村,目的是汲取财税和提升国家控制社会的能力,试图将乡村社会纳入统一的国家管制体系当中。但并没有成功,一是国家能力不足且分散,难以遏制盘踞在乡村社会的旧体制势力。二是社会组织化水平低下且处于初级组织(基于血缘、地缘、业缘等关系)的层次上。

第二阶段,新中国成立至改革开放前,国家与社会高度一体化,社区成为国家管制体系的一个组成部分。这一时期,国家权力深入整个社会,国家对经济和各种社会资源的分配和运作实行全面控制和垄断,城市实行单位制辅之以街居制,农村实行三级所有的人民公社的政社合一体制,国家凭借政治和行政的权力将城乡社会组织化和制度化并强制性整合起来。国家与社会一体化,即社会依附于国家,基于传统亲缘、地缘关系建立起来的家族、宗族、士绅等民间自治系统迅速解体,国家权力实现了对全社会(社区)的无边界延伸。

第三阶段,改革开放以后社区依然是国家体制覆盖的基础单位,但社区自治有了一定的制度发展空间并取得了一定的发育成长,重构社区成为国家治理体系与治理能力现代化的一个基础性部分。改革开放前,单位承担了大部分基层社会治理功能,基本上没有社区概念,虽然已经建立了居委会,但居委会

---

① 周庆智:《论中国社区治理——从威权式治理到参与式治理的转型》,《学习与探索》2016年第6期。

主要是管理当时极少数游离于单位之外的人员。改革开放后，基层社会的组织体系发生了重大变化，城乡社区取代传统的"单位+街居"和"人民公社"组织形式，行之以村（居）委会的基层群众自治组织形式。城乡"单位社会"（城市以"国有单位"为基础，农村以"集体单位"为基础）解体，国家对基层社会的管理逐渐由单位制转变为社区制，为基层社区实现自治和现代转型创造了社会条件和制度条件。

从中国社区发展的三个阶段看，社区的变迁是国家权力主导的变迁，社区一直是自近代以来国家工业化、现代化的资源和秩序的来源。社区的现代再造依附于国家权力，是国家体系的一部分，是国家概念的延伸即社区国家化。也就是说，自近代以来中国社区的发展变迁一直是由国家规划的社会变迁的一部分，并成为国家权力结构的秩序基础和治理单元，主导社区治理发展的是行政权力模式，亦即社区公共事务和公共生活由行政权力主导，治理方式是渗透到社会方方面面的管控和服务，治理的目标是社区的稳定、和谐和秩序。

当前中国的社区大致可以分为两类：一类是城市社区，一类是农村社区。这两类社区的内部结构和社会联系并不相同，比如，城市社区的特征是以多元文化为基础的、建立在契约关系或利益或利害关系之上的人际关系，而农村社区人际关系具有比较密切的身份社会和熟人社会特点。前者的社会变迁快速，异质性强，现代元素不断累积；后者的社会变迁缓慢，同质性强，传统元素保存很多。经过40多年的改革开放，城乡社区在结构和制度上都发生了巨变，这两类社区都不再是过去那种封闭的"单位社区"——城市的单位制和农村的人民公社体制，而是由于内部结构和外部条件的变化，城乡社区都出现快速变迁的特征，表现出多元化和异质化的趋向。尤其是改革开放以来不断加快的城镇化进程，城乡社区尤其是农村社区都受到了这一进程的显著影响，并呈现为现代社区的特征越来越多的趋势。但两者有一个共同特征，那就是社区共同体意识（社区的本质）均日趋淡化。传统的社区共同体逐渐失去内聚力，现代社区基于"理性驱动的利益关联"以及多元文化等因素，瓦解了各种组织力量和联合形式。虽然社区成员聚居在同一区域，但没有稳定的情感认同和交往合作，不能达成社区整合和社区凝聚力。

第三节 社区的重构：阳泉矿区的探索

从历史与文化上看，作为一级政权组织，县（区）是一个相对完整而独立的整体，县域社会也是一个有着相对完整生态体系的有机整体。从制度变迁逻辑上看，县（区）级政权组织是国家治理体系中的重要一环。习近平总书记强调："在我们党的组织结构和国家政权结构中，县一级处在承上启下的关键环节，是发展经济、保障民生、维护稳定的重要基础，也是干部干事创业、锻炼成长的基本功训练基地。"① "郡县治，天下安"，指的就是县（区）域治理乃是国家治理的基础构成部分，县域治理的好坏直接关系到国家政权的稳固，所以，从根本上讲，县（区）政权组织与基层社会的关系揭示了中国国家与社会关系的本质。

改革开放后，县域治理的经济社会结构发生了巨变：第一，国家改变了对基层社会的控制和管理方式，体制性权力从村社收缩至乡镇一级，国家与基层社会的关系（政社合一的关系）发生了变化。第二，城乡基层社会组织形式发生了改变，即城乡社区实行基层群众自治组织形式。第三，国家权力的退出和村（居）制度性权力的弱化。基层政府（县乡）治理重构的秩序特征，一方面在国家正式权力的运作过程中，引入了基层社

---

① 习近平：《做焦裕禄式的县委书记》，中央文献出版社2015年版，第66—67页。

会规则或地方性知识，展现了国家与农民关系的实践形态；另一方面国家权力将村民自治组织作为控制和影响基层社会秩序的新的组织形式，后者成为乡镇基层政权对基层社会控制和动员能力的组织形式。

21世纪以来，以基层党建引领为中心，大力加强基层社会治理，一方面确保充分发挥党总揽全局、协调各方的领导核心作用和推动改革的能力；另一方面提高党政体制的民主执政、依法执政水平，充分实现党委领导、政府主导、社会协同的治理体系和治理能力建设。基层政府治理经历历史性变化：第一，强化党政权威/权力，使其成为基层社会权威性资源与配置性资源的中心。第二，社会治理模式。基于不同的控制权形成多重权威中心治理结构模式。第三，社会再组织化。因社会自组织的缺位，政府与公众之间缺乏整合机制，社会矛盾不断积累，基层政府对社会整合和社会组织管理表现为再组织化特征。

阳泉矿区社区重构就是在上述背景下展开的，它的政治领导力即在党政权力一级即区县一级。从实地调研来看，阳泉矿区社区治理体制机制比较完整地具备贯彻、实施国家政治决策的制度化能力。"社区重构"乃是阳泉矿区党政主导的以政党为中心的社区变迁的一个诠释。另外，阳泉矿区的基层社区重塑也是改革开放后中国社会结构变化和社会组织与管理方式转变的一个缩影。不仅如此，它还是中国社会治理从计划体制下的"企业办社会模式"向现代公共社会社区社会化治理模式转型即从传统单位制向现代社区制转型的一个典型。

因此之故，阳泉矿区基层社区重塑的特殊性意义就在于：阳泉矿区的基层社区结构脱胎/建基于（阳泉矿务局）企业单位制社区管理之上。① 也就是说，原来企业单位的政企合一结构，

---

① 新中国成立后，今矿区境域先后归属阳泉工矿区、阳泉市、阳泉市一区、站上区、矿区人民公社。

既是阳泉矿区社区重构的制度变革的起点，也是新的社区结构立于其上的经济、社会和文化的背景条件和约束条件。同时，阳泉矿区重塑基层社区还具有理论上的一般性意义，即中国的城市基层社会治理都面临这样一个转型难题：以积累权威和加强社会管控能力为目标的传统基层治理体系，面临一个社会转型的挑战，那就是基层利益群体的分化、社会价值的多元化和社会分层的加速化，与传统的企业办社会或单位制体制比较，现代的社会背景和社会基础结构发生了根本性的变化。也就是说，传统社区治理体系的转型是一个体制性、结构性问题。实现社会体制机制改革，推进制度建设与社会建设，重塑基层社区，首先意味着要突破旧体制并进行实质性的社会改革和制度创新。对阳泉矿区基层社区治理实践来说，就是从传统的行政权力主导的社区治理模式变革并转型为以基层党组织的政治领导力为核心、组织建设为中心、社区居民以及社会力量广泛参与的共建共治共享的多元治理模式。

一 单位时代的基层社区

在计划经济时期，阳泉矿区实行"政企合一"单位管理体制。① 1971年4月，成立阳泉市矿区革命委员会，与阳泉矿务局合署办公，一套班子，两块牌子，实行"政企合一"的领导体制，下辖沙坪、红卫、红旗、向阳、红旗岗5个人民公社。在计划经济体制下，城市社会治理体系即单位管理模式：通过企业单位来履行资源配置、社会动员、人的需求的满足等多种

---

① 单位制是一种高度集权的社会组织形式。单位是社会成员赖以生存的必要组织，是他们获得各种物质、资源和信息的唯一来源。在后期，出现了两种类型的单位制：一种是"单位型社区"，即单位和社区在同一领域里同时存在；另一种是"单位办社会"，也就是单位的功能替换了社区的功能，单位就是社区，社区就是单位。这两类单位制在阳泉矿区都存在。

功能，以实现社会的稳定。也就是说，管好每一个单位，就等于管好了城市社会。由于政企不分、政事不分，各种企事业单位和社会团体均成为行政附属物或准行政组织，换言之，单位管理模式的显著特征，就是行政主导和条块分割，在社会管理过程中，存在明显的单一性，即在运行机制上是单一的行政机制，在资源利用上是单一的行政资源，在力量配置上是单一的政府力量。这种单位管理模式与计划经济体制相均衡，因而能运作并发挥作用。

单位制构成了党执政和治理社会的基础单元，通过单位制对"单位人"的组织、管理和控制，党能够有效地实现政治社会化和贯彻各类经济社会治理目标。在单位制下，政府社会治理的任务几乎不存在，因为单位有效扮演着"代理政府"的角色，承担着代表、应责、协调和连接的多重职能。也就是说，工作单位对人们的行为的调节作用也达到了空前的高度，由此形成的社会问题往往是工作单位中的问题，而工作单位中的问题也在很大程度上由单位直接解决。所以，在单位制下，社会问题即便存在也很少会找政府，因为政府贯彻社会治理的目标是通过单位而不是直接面对个体或个人。

在单位制体制中，国家通过资源垄断控制单位，单位通过资源垄断控制个人，从而形成了单位对国家、个人对单位的依附与庇护关系，压抑了社会自主发展的空间和动力。这种社会资源配置体制变迁对社会关系产生的影响甚至具有决定性作用。换言之，新的社会关系的建立实际上是对整个社会的新的组合形式的必然要求，在这种组织中，一个人并不是以一个片面的角色成为这个组织的一员的，相反，其是以一个完整的个人的方式成为这个组织的一员，在这种可以被称为总体性组织（在城市中是单位，在农村是人民公社）的组织当中，必然要求它的成员与组织建立全面性的关系，而且除了一些自然属性的关系之外，其人际关系应当主要限于组织之内。形成这样的一种组织形式的基础，是个人对组织的全面依赖与效忠。① 因此，个体民众彼此之间也就不需要合作和联合，不仅如此，个体必须依赖和忠诚于所在的单位（unit），才能得到基本的资源分配资格和基本生存权利，这个资格和权利不仅包括物质资源，而且也包括就业和得到权力、威望的机会。举凡生产资料、就业机会、居住的权利，都直接控制在国家之手。

单位制带来的体制性、制度性后果：一是就整个社会而言，形成了"总体性社会"；二是就社会的个体而言，产生了依附关系。（1）总体性社会。总体性社会即一种结构分化程度很低的社会。在这种社会中，国家对经济以及各种社会资源实行全面的垄断，政治、经济和意识形态三个中心高度重叠，国家政权对社会实行全面控制。而总体性社会的形成，是通过单位制这个组织中介实现的。具体地说，首先，借助严密的单位组织系统，国家的动员能力极强，可以动员全国的人力、物力，达到某一经济建设和国家发展目标。其次，单位制的高度组织化，过去的"国家—民间精英—民众"的三层结构变为"国家—民众"的两层结构，国家直接面对民众，因而可以将各种讯息直接传达到民众手中，但民众却没有有效的形式实现自下而上的沟通，社会秩序完全依赖国家控制的力度。最后，单位现象使全部社会生活呈政治化、行政化趋向，社会的各个子系统缺乏独立运作的条件。（2）依附关系。单位制通过资源垄断和空间封闭，实现了单位成员对单位的高度依附。首先，在单位制度下，国家控制的资源通过单位来调配。对于单位成员来说，单位是生活福利的唯一来源，不仅工资收入来自单位，而且住房、副食品补贴、退休金、救济金、医疗保障等都

---

① 孙立平：《"关系"、社会关系与社会结构》，《社会学研究》1996年第5期。

来自单位。由于体制外没有自由流动资源，离开单位就等于失去一切。单位不仅控制着经济资源，还掌握着政治资源、社会资源。单位掌握着提干、入党、出国进修等机会；单位是个人社会地位和身份合法性的界定者，没有单位出具的证明，就不能登记结婚或申请离婚，就不能外出旅行，不能购买飞机票乃至投宿住店；单位还解决职工及其子女的就业问题等。其次，单位制还限制了其成员的生活空间。一方面，单位通过提供各种福利设施，如学校、医院、食堂、浴室等，满足单位成员的基本需求。有的大单位还有专门的单位大院，单位人员朝夕生活在一起。这种单位内部的自足性，大大降低了人们在单位外交往的可能性。另一方面，单位成员更没有自由流动的空间，单位将每个人员牢牢地固定在每一个工作岗位上，"能进不能出，能上不能下"，调动工作是非常困难的，整个社会流动是少之又少，因而每个单位成员的生活空间是相对稳定和封闭的。总起来说，单位通过垄断政治、经济、社会资源，形成了对单位成员的支配关系；通过严格控制单位成员的社会自由流动，造成了单位成员空间的封闭。没有自由流动的资源，缺乏自由流动的空间，单位成员只有全面依附单位，最终造就了根深蒂固的单位依附关系。

上述体制性、制度性后果，为其后中国基层社区重构包括本书所讨论的阳泉矿区的社区重构，带来了诸多需要克服的结构性障碍。比如，在今天的阳泉矿区，基层社区居民的房产有90%以上是原企业单位所有，这带来两个直接的、难以理顺的利益关系：一是新旧体制难以契合。例如，在社区居民的物业服务上，一方面原单位（阳泉矿务局即现在的阳煤集团）因利益关联不能不管；另一方面新的物业公司无法进入社区并与社区业主建立市场契约关系。二是难以排除的旧体制利益关联和利益影响因素造成新的社区处于半封闭状态。例如，由于社区居民房产属于"小产权"性质，不能上市交易或市场化，社区内的房屋产权只能在具有单位职工身份的人口之间流转，这一方面造成居民与企业单位无法割断或藕断丝连的利益关系，产权关系、权利关系混乱；另一方面则形成同质化的封闭社区，不能成为多元化、异质化的开放社区。总之，由单位制遗留下来的暧昧不明的政企关系、政社关系、政事关系、产权关系、从属依附关系等依然存在，突出表现为地方政府与企业单位权责关系属性不清，企社关系边界不明，居民与原企业单位、物业公司以及社区居委会的权责关系不明等，这一切导致多元化的、公共性的社区共同体再造不能建立在法权关系以及商业契约关系之上。

二 后单位时代的基层社区

后单位时代的基层社区，如阳泉矿区的治理转型，需要置于改革开放后中国社会发生的经济社会结构性巨变的大背景下来理解和解释。

第一，所有制结构的变动。改革开放以前，我国单一的公有制经济确保了把所有的职工都纳入单位制之中。改革以后，这种单一的所有制结构被打破，党和政府从一开始承认非公有制经济是社会主义经济的补充，到后来逐步鼓励和支持非公有制经济的发展，并且公有制经济本身也出现了形式的多样化。非公有制经济的发展，使得体制外出现了自由流动资源，单位不再可能全面控制职工。

第二，市场经济的发展。高度集中的计划经济体制强调指令性计划，管理经济和社会的手段主要是行政手段，使企事业单位成了政府的工具和附庸。1992年，党的十四大明确我国经济体制改革的目标是建立社会主义市场经济体制。市场经济强调市场规律，效率至上。市场经济的实行，带来了我国国有企业以及政府事业单位的全面改革。国有企业建立现代企业制度，按照市场规律办事，努力提高市场竞争力；政府事业单位改革管理体制，提高工作效率，实现政企分开、政社分开以及事社分离。从计划经济体制到社会主义市场经济体制的过渡，使单位制的运行基础不复存在。

第三，社会流动的加剧。改革开放以后，随着流通体制、劳动人事、社会保障、户籍等制度的改革，我国社会出现了前所未有的自由活动空间。在城乡之间，原来附着于土地上的农民大量流入城市，出现了全国规模的"民工潮"，城乡二元格局出现了松动。在单位之间，职员的流动已司空见惯，出现了大量国有企业职工流入外资企业，大量内陆省份人才如教师、管理人员等流入沿海城市，单位几乎不再有任何措施可以限制人员的流动。

适应上述体制性、制度性和结构性变化，始于20世纪80年代，阳泉市改变"政企合一"体制，矿区与矿务局机构分设，矿区的行政机构按照精简高效的原则，逐渐建立和完备，行政职能逐步加强；矿务局独立为矿区的一个驻区单位，阳泉矿务局（阳煤集团）成为矿区经济的主要组成部分。矿区所辖5个人民公社分别改建为沙坪、赛鱼、小南坑（1982年12月更名为蔡洼）、桥头、平潭街5个街道办事处。1984年2月，原属平定县的贵石沟地区（即阳泉矿务局五矿所在地）划属该区管辖。1990年底，辖6个街道办事处、115个居民委员会。2000年，将150个居民委员会合并调整为40个社区居民委员会。2013年5月，推行"区直管社区"扁平化管理模式，桥头街道办事处撤销，其段南沟、桥西、桥头、段北沟、刘家垴5个社区转为区直管。全区调整为38个社区。2017年3月，桥头街道党工委、桥头街道办事处恢复扁平化前各项职能，区直管社区转为街道管理。同年5月，郊区向矿区移交托管村18个；同年12月，增设社区4个，社区总数达到44个。2020年2月，18个托管行政村合并为12个。

表 1—1　2021 年阳泉市矿区所辖街道、社区、托管行政村一览表

街道	社区	托管行政村
沙坪	黄石板、秋沟、沙沟、桥南园、蒙北、里沙坪、中沙坪	半坡村、大村村、前庄村、合新村
赛鱼	大墕沟、麻地巷、赛鱼、井沟、如意庄、南楼、虎尾沟、龙泉	官沟村、赛鱼村、永和村
桥头	桥头、桥西、段西沟、段南沟、段北沟、西马家坪、馨瑞、刘家垴	富山村、石卜咀村
蔡洼	小南坑、菜市、东四尺、东窑房、蔡东、蔡西、南台、新源	南山村、大南沟村
平潭街	平潭街西、平潭街东、苹果园、马家坪、西山、东山、育才、大院、洪城河	西河村
贵石沟	水滩、小河滩、苏村、枣岭山	

上述体制制度变革过程所揭示的深刻的经济社会变化，就是阳泉矿区开启了从单位制向社区制转型的改革和重塑的历程。这个改革与重塑的历程所蕴含的社区再造意义，就是随着社会主义市场经济体制对计划经济体制的替代，单位制逐渐被打破，单位管理模式趋于失效，原先的产业工人不再依附于单位，而是依托于社区，从单位人转变为社会人。摆在阳泉矿区面前的社会治理问题就是重塑基层社区——一个异质化、多元化的开放型社会化社区，如此复杂、系统的"社会改造工程"涉及一系列体制性、制度性问题，包括：建立一种以政党为中心的新的组织形态来承担社会动员和社会整合功能；政府社会性职能、企业社会性职能等向社会转移，需要一种新的组织形态来承接；各种社会问题和社会矛盾都集中在城市社会的基层——居住区，需要建立一种新的城市基层社会管理和服务体系，等等。

三　基层社区的重塑

阳泉矿区从单位体制向现代社区的转型，实质上是政企分开、政社分开的经济社会改革。从社区变迁的角度看，它是由

如下经济社会发展条件所推动并展开的：第一，社区群体分化。市场经济的发展和市场经济体系的形成促进社区利益主体和利益诉求的多元化，价值多元并得到不断发展和成长，社会价值取向日益多元化，而社区公共领域共享价值的形成则需要通过沟通和参与作为协商工具，进而达成共识和协作。第二，社区结构异质化。有两层意思：一是熟人社区不断进入外来社会成分，比如，人口流动在逐渐改变着社区成员结构及身份认同；二是体制外的资源发展和资源配置分散化，导致利益群体分化，出现社会异质化并导致民众参与需求不断扩大。第三，社会自治空间不断扩大。社会成员的自主性、异质性、依赖性及流动性都发生了变化，这要求社区整合或社区协作关系必须建立在利益共享与价值共享的基础之上。

也就是说，经济社会的发展不断改变着传统单位社区的同质性和整体性，促进了社区成员的分化和多元化。在职业、收入、居住和生活方式等领域，社区成员个人的选择增加，个人发展的途径出现多元分化。同时，社会资源的分散造成社会权力的分散，不同利益群体的权利意识不断得到强化。换言之，传统单位式治理的社会基础和制度保障条件都发生了结构性变化，多元主体的发展和成长，不仅要求分享对社会资源和社会活动空间的支配，也要求直接参与社区发展的价值分配和目标定向，并试图通过各种形式影响公共政策的利益取向和价值取向。

阳泉矿区的人口、经济、社会基础有如下结构性特点：（1）有天无地：建成区19.15平方千米，辖6个街道办事处、44个社区、12个行政村，常住人口约23.1万人，人口密度为1.2万人/平方千米。（2）有矿无区：1971年4月建区，1980年从华阳集团政企合一体制中分离出来，国家划拨给华阳集团工业用地15.6平方千米，占建成区面积77.7%，地上附着物所有权归属华阳集团。阳煤集团拥有职工及家属21.2万人，占全区总人口90.2%。（3）有城无市："矿在城中、城企不分"犬牙交错的城市格局,有460余万平方米老旧小区,城市承载力不足。一二三产业占比为0.1%、76.3%、23.6%,第二产业增加值对GDP的贡献率达87.1%,第三产业增加值对GDP的贡献率为12.8%。营利性服务业在GDP中占比3.7%,非营利性服务业在GDP中占比为6.7%,全区限上商超7家、限上住宿2家、限上餐饮企业16家,占GDP比重为0.8%。从社消企业看,限上企业34家,限下企业18家,华阳3家贸易企业占GDP的比重为97%。①

从单位制向社区制的变迁,乃是一个国家与社会相互形塑的过程。也就是说,国家(政府)力图通过自己的视角来塑造城市社会,同时城市社会也在塑造和影响国家的制度机制和组织体系。在城市基层社会中,从单位制的退出到社区制的再造,大致涉及如下方面:在空间关系上,从直接管理向"有距离的治理"转变;在运作机制上,从组织扩散与组织覆盖向"交织—渗透"模式转变;在治理资源上,由资源掌控向资源动员转变。这一切本质上乃是国家与社会关系的再调整与社会治理结构的变革。

阳泉矿区基层社区重构的独特之处,就在于它几乎完全是在原来企业单位的管理体系、空间结构、居民身份认同的结构基础上重塑一个新型的、现代的、开放的公共社区。换言之,对于阳泉矿区来说,重塑基层社区就是要在过去单位体制的基础上全面建构新的社区共同体的治理体系与治理能力的过程。在从单位制向社区制的转型过程中,阳泉矿区以基层党建组织引领基层社会治理为中心重塑基层社区,建构以基层党组织的领导力、组织力、凝聚力和号召力为核心的新型基层社区治理体系和治理能力。

下面我们将从政治机制、组织机制、吸纳机制、服务机制四个维度来概括和阐释阳泉矿区重塑基层社区的创新实践及其

---

① 资料来源:课题组与阳泉矿区区委书记访谈记录,2023年2月。

理论意义与政策意义。

第一，以领导力为核心的政治机制。党组织组织、引领社会的政治机制关乎党的政治领导力问题。党的政治领导力是党的领导力的核心范畴，具体而言就是党把握方向、把握大势、把握全局的能力，以及保持政治定力、驾驭政治局面、防范政治风险的能力。这一方面是中国共产党作为最高政治领导力量的内在要求，另一方面又是坚持与发展中国特色社会主义事业的本质要求。

党的十九大要求把党的政治建设摆在首位。旗帜鲜明讲政治是我们党作为马克思主义政党的根本要求。"党的政治建设是党的根本性建设，决定党的建设方向和效果。"① 在新时代，尤其要重视加强党的政治建设。党的政治建设引领党的建设，是党建引领当代中国发展的前提。② 在城乡基层社区治理创新实践中，基层党组织通过政治引领机制来加强其对社会的领导能力。

阳泉矿区在重塑社区治理结构和治理制度体系上大力加强党的政治领导力，以组织体系建设为重点，切实强化政治功能，突出政治影响，从根本上增强基层党组织的凝聚力和号召力。首先，增强基层党组织的政治权威。基层党组织在社区共同体中的领导权威与治理能力，不仅是把国家和社会治理的制度优势转化为社区治理绩效的根本路径，而且是夯实党在基层执政根基的关键所在。2011年，阳泉矿区六个街道社区分别成立社区党群服务中心，强化基层党组织的权威与权力，以党组织权力为中心重构政治组织机制。其中，社区党委要增强其在社区中的权威，必须加强政治领导。支部书记是支部负责人，同时也是党组织的一员。社区党委可以通过党的系统对支部书记进

---

① 《习近平谈治国理政》（第三卷），外文出版社2020年版，第48页。
② 齐卫平：《坚决打赢新时代党的政治建设的硬仗》，《理论与改革》2019年第3期。

行政治领导。支部书记必须服从社区党委的领导，遵守党的政治纪律和政治原则。通过工作机构一体化、人员配置一体化、职责运行一体化，阳泉矿区基层社区建设实现了基层党组织与社区居委会的融合，构建了基层社区权力结构集中化与一体化的共治共建运作机制。其次，强化基层党组织的政治动员。党组织的政治动员主要发挥两个方面的功能和作用：一是通过社区党建联席会议制度得以实现。社区党建联席会议是由社区或上级党组织领导牵头、辖区各单位共同参与的区域化党建制度。社区党建联席会议不仅有利于聚集和利用基层党建资源，而且有助于增强社区党委的政治领导能力。社区党委通过党建联席会议的形式，加强社区与各单位、支部之间的沟通，获得各单位和支部的支持。二是发挥社区党员的模范带头作用。社区党员所具有的普通居民和党员的双重身份及其所处的社会关系网络，是以党员示范实现居民动员的社会基础。一方面，党员身份使其言行举止超越了个体意义而被视为党组织形象的代表，即党员成为社区政党权威的人格化载体，因此，其严于律己的良好作风具有了组织权威建构的政治含义；另一方面，社区党员作为居民之一员，在日常生活中形成了各种社会角色以及由此衍生的邻里、亲缘、业缘等关系纽带，以之为依托，党员通过家庭关系、交往关系等影响和带动亲人、朋友、熟人等参与社区治理工作，实现群众动员。同时，以党员为核心的社区关系网络也为社区工作人员调解家庭矛盾、邻里纠纷和其他社区矛盾提供了重要资源，盘活的社区社会资本降低了行政成本，实现了简约治理与有效治理的统一。再次，开展制度化的政治学习。在阳泉矿区的六个街道社区居委会，社区党委每月定期举行"三会一课"学习活动。每逢重要节日，举行支部书记会议，学习宣传党的方针、政策，使支部书记把握正确的政治方向。各支部书记再向其他党员、群众宣传党的方针、政策。另外，依托各类活动和组织平台的政治标识符号，矿区社区党组织积极组织或牵头举办各类活动，并在其中融入党建元素。一是寓教于乐，将丰富居民生活的文娱公益活动与党的教育实践有机结合；二是突出仪式活动的宣传与教育效果，例如各社区以"主题党日"、国家重大纪念日、社区居民代表大会、居委会换届选举等为载体举行政治仪式，党组织一方面通过设计和张贴标语、党徽党旗等营造庄严肃穆的气氛，强化党组织领导的意义表达和标识感召，另一方面也通过党务工作者的现场指导、演说等，为活动定下政治基调，上述经验、做法发挥了非常显著的政治社会化功能和作用。最后，掌握党员的政治思想动态。在矿区街道社区，社区党委还通过党员干部谈心谈话的方式来加强其与党员干部的交流与沟通，掌握党员干部的政治思想动态。社区党委书记谈话的方式主要有两种：一是围绕平时工作与各支部书记或其他党员干部谈话；二是在社区党委发现某些党员干部存在工作不力等问题时，召集他们谈心谈话。如此，社区党委通过谈心谈话制度加强与党员干部特别是支部书记的交流沟通。社区党委督促支部书记和其他党员干部加强党性锻炼，提高政治觉悟和政治能力。近年来，矿区已经形成风清气正的政治生态，人心思进、人心向干的氛围日益浓厚，干部队伍能力、素质有了质的提升，"四大班子"精诚团结，尤其是三级换届后，一批想干事、敢干事、能干事的优秀干部走上了领导岗位，为矿区经济社会发展增添了新的活力。

第二，以组织力建设为中心的组织机制。组织建设事关政党的组织力问题。其重要性在于："组织是通向政治权力之路，也是政治稳定的基础，因而也就是政治自由的前提……身处正在实现现代化之中的当今世界，谁能组织政治，谁就能掌握未来。"① 党的二十大报告指出，严密的组织体系是党的优势所

---

① ［美］塞缪尔·P. 亨廷顿：《变化社会中的政治秩序》，王冠华、刘为等译，上海人民出版社 2008 年版，第 382 页。

在、力量所在。各级党组织要履行党章赋予的各项职责,把党的路线、方针、政策和党中央决策部署贯彻落实好,把各领域广大群众组织凝聚好。坚持大抓基层的鲜明导向,抓党建促乡村振兴,加强城市社区党建工作,推进以党建引领基层治理,持续整顿软弱涣散的基层党组织,把基层党组织建设成为有效实现党的领导的坚强战斗堡垒。

进入后单位时代,组织建设对于基层党建而言尤为重要。单位制解体后,社区面临着一个富有挑战性的问题,就是如何重新整合不断发生变化的社会的问题。换言之,新的社区建设必须将挣脱单位制社会的原子化个体重新组织起来。其中,至为关键的就是如何利用党的组织系统来整合社会。阳泉矿区街道社区围绕支部建设做出实实在在的创新探索,其一,支部建设的特色是以单位(原来的企事业单位)为基本载体,支部建在单位上,这不仅解决了支部管理的规模问题,而且契合了单位制社会的性质。过去的单位制社会,单位如同村庄一样,具有熟人社会的特性,换言之,单位的熟人社会特性为社区通过党支部引领基层社会提供了社会基础和社会联结的文化纽带。其二,支部参与社区治理实体化。支部不仅是一个党的基层组织,而且是一个实体化的治理单位。作为一个治理主体,支部具有较大的自主权,支部书记能够决定本支部范围内的事务。其三,社区对支部发挥组织监督作用。社区赋权给支部,并不意味着社区放任支部不管。恰恰相反,社区在赋权给支部的同时,还需要对支部进行控制。社区对支部的组织监督,一是实行分片包干制,各街道社区除党委书记和居委会主任外,其余党委委员或社区委员都有分包片区的任务分工。这样,社区与支部之间通过片区制度来对接。社区党委(居委会)做出决策后,"两委"委员可以传达、督促各个支部的落实进度和状况,及时指出和纠正支部在工作中可能出现的失误或问题。二是实行考核激励制。在各街道社区,社区党委制定了对各个支部的目标管理考核制度。社区每月定期对各个支部的卫生状况等方面进行检查考核。考核采取支部书记打分、社区评分和自评相结合的方式进行。每月月底公布考核检查结果，按得分高低进行排序，并通报各个支部。通报考核结果能够对先进支部起到激励作用。上述组织建设的创新举措，让社区居民与党支部结成紧密的"责任—利益"共同体，尤其是确保了党的链条的相对连贯性，使党的系统居于领导地位。

综上所述，阳泉矿区社区建设紧紧抓住社区党组织建设这个核心，在创新党组织设置上下功夫，合理调整党组织设置，牢固树立"大党建"理念，推进基层党组织从单位向区域延伸、从传统领域向新兴领域延伸、从实体向网络延伸，不断筑牢服务型党组织的组织基础；在配优选强基层党支部书记上下功夫，严把政治关，切实发挥示范带头作用；在规范基层组织管理制度上下功夫，积极构建区、街道、社区三级服务体系，建立稳定的经费保障机制，夯实服务群众的物质基础，不断加大基层党建创新力度，切实增强党建工作的感染力、凝聚力。

总之，阳泉市以基层党组织组织力建设为中心，以党的组织系统建设为重点，通过组织嵌入、价值引领和资源整合，实现党对基层社会治理的领导和引领。在这一治理创新实践中，一是基层党组织把自己有机嵌入了现有的社会结构。一方面它在各类社会组织中发挥着领导核心作用；另一方面它能够成为在基层公共组织（政府）与个体民众之间发挥沟通、协商和整合作用的社会政治角色。在基层党组织与基层政权、社会组织、群众组织等之间的关系方面，党的组织体系建设得到巩固和强化。二是基层党组织通过经济上的支持、政策服务或者公共物品的供给等方式，整合一定范围内的各种资源，实现共同参与基层社会治理的目标。三是基层党组织在社会中传输政治价值和文化观念，通过价值引领来增强群众对党的认同和参与公共事务的积极性。阳泉矿区社区治理实践表明，基层党组织的组织力——政治领导力、思想引领力、群众组织力、社会号召力这四种能力的建设是一个紧密联系、相互促进的有机整体。换言之，党的组织机制建设体现在整个政治、经济、社会系统的各个方面，阳泉矿区社区治理有针对性地加强各个领域的能力建设，切实形成以党建为中心推动基层治理现代化的强大领导力。

第三，以凝聚力为中心的吸纳机制。所谓吸纳机制，是指基层党组织将社会中的先进分子吸收进来，将其发展成党员干部。吸纳机制关系到党组织凝聚力的形成，也关系到党组织先进性的保持。从政治现代化的发展来看，政党的吸纳能力直接关乎其生存和发展。换言之，在政治现代化过程中能否保持政权稳定的关键就是该国政治体系能否有效吸纳民众日益增加的政治参与需求。①

重塑基层社区治理体系，阳泉矿区在吸收先进分子方面有很好的政治资源可以凭借，那就是将社区中原属企业单位的党员干部发掘和吸纳到社区治理中来，充实到党员干部队伍之中，让他们在社区党组织建设中发挥重要作用。时至今日，各街道社区下辖各支部的书记、支委委员、党小组长等绝大多数仍然是原来单位中的积极分子。也就是说，阳泉矿区各街道社区非常重要的党建经验就是发掘和吸纳原单位中的积极分子。换言之，尽管原单位中的党员领导干部、积极分子离开了原来的企业单位，但这些单位骨干力量素质高，以前大多在单位中就展现了较强的工作能力，并且这些骨干分子在社区居民中有很高的威望，为他们在社区中开展群众工作奠定了扎实的基础。还有一点，就是他们社交能力强，在社区工作中，可以充分利用自己的"关系资本"，也就是说，社区在治理工作中任命这些原单位中的骨干

---

① ［美］塞缪尔·P. 亨廷顿：《变化社会中的政治秩序》，王冠华、刘为等译，上海人民出版社2008年版，第333页。

力量担任支部书记，调动他们的工作积极性。这些积极分子成为"关键少数"。社区通过这些"关键少数"来带动其他党员、积极分子和周围邻居，由此达到党对社会的整合、引领作用。

总之，单位制时代遗留的精英是后单位社会时代社区治理的宝贵资源。单位解体后，这些积极分子失去了单位体制依托，未能充分释放其治理潜能。在发掘这些积极分子之前，他们都是游离于体制外的个体。党通过将社区积极分子吸纳进党组织系统内部，把他们重新整合进体制内，再通过他们带动其他党员和群众，实现党组织引领社会的目标。

第四，以回应力为中心的服务机制。服务机制关涉基层党组织对群众的回应力，即基层党组织是否能及时有效地回应群众的诉求。基层党组织要让社区居民切切实实感受到党组织的引领与凝聚的力量。这样，政党引领社会，不仅要有支部书记和个体积极分子的带头作用，而且还要使党的组织真正融入基层社会治理当中。党组织融入基层社会治理，其基本载体就是党组织功能的发挥和扩张。换言之，党组织通过建立各种机制和平台，为积极分子和其他党员、群众创造施展才能的空间，从而使党组织在基层社会治理事务中发挥组织、统合功能，达到党引领社会的目标。在上述方面，阳泉矿区的社区治理实践，一是健全服务制度体系。要使支部发挥引领基层社会的作用，除了赋予支部权力之外，还应为支部服务和对接基层社会提供制度化通道，使支部引领基层社会拥有切实可行的载体和依托。二是培育社会组织。近年来，阳泉矿区在社区治理创新实践中，高度重视基层社会组织的建设与发展，并希冀以此来激发基层社会的活力。例如，各社区的志愿者组织为基层党员干部参与社会治理提供了平台；党员志愿者为基层群众解决各种日常生活中的事务，让群众感受到党员的先进性和模范带头作用。这样，社区党组织与群众的日常生活密切关联起来，使党组织真正融入基层社区治理当中，从而凝聚基层社会力量。三是社区公共性建设。认同感、安全感和凝聚力是社区公共性建设的必要条件。为重建社区公共性，必须锻造城市公共空间。如此，各街道社区积极打造各种便民平台，这些平台成为基层党组织融入基层社区的重要平台，为在后单位社会时代重建社区公共性的过程中发挥基层党组织的组织、引领功能创造了条件。四是构建政治沟通纽带。政治沟通是"赋予政治过程以结构和意义之信息和情报的流动。政治沟通不只是精英对其民众发送信息，而且还包括全社会范围内以任何方式影响整个政治的非正式沟通过程"①。政治沟通有利于增进政府与公众之间的信息交流和互相了解，提升政治系统决策质量和运行效率。它还能够使公众的不满情绪得以适当宣泄，在一定程度上起到缓解矛盾冲突、维护社会秩序稳定的作用。在阳泉矿区各街道社区，支部书记成为在居民与政府之间进行政治沟通的桥梁和纽带。这与支部书记的独特身份有关。支部书记担当着党（政府）"代理人"与社区（居民）"当家人"的双重角色。一方面，支部书记是党在基层的代理人，必须完成党交付的任务，其行为必须符合党的期望；另一方面，支部书记又是所在社区的"当家人"，他们代表着社区居民的利益。支部书记的双重身份角色，可以成为缓冲群众与政府之间矛盾的中间地带。居民日常生活中的小事、日常生活中的矛盾纠纷，一般可以在支部得到化解。支部如果无法解决，再上移到社区或者转移到司法系统。此外，支部在处理大事时也发挥着举足轻重的作用，比如大规模上访、群体性事件。在这些事件当中，一方面，支部可以缓和、安抚群众情绪；另一方面，支部可以积极代表群众通过合法合规的体制内渠道维权。

---

① ［英］戴维·米勒、［英］韦农·波格丹诺英文版主编，邓正来中译本主编：《布莱克维尔政治学百科全书》，中国政法大学出版社2002年版，第592页。

通过上述诸种平台，党组织得以真正融入基层社会治理，使得"小事不出支部"，在支部内部无法解决的问题，才进入社区、街道或者更高的上级组织。这能够大大降低基层社会的治理成本，并取得较好的治理效果。党的引领功能和影响力融入居民日常生活当中，把党的作用与居民的日常生活关联起来。党组织主动适应甚至超前引领居民日常生活，增强对居民日常生活问题的回应能力。

第二章 以领导力为核心的政治机制

社区重构，首先要围绕政治机制这个核心展开一系列的制度建设、组织建设和社会建设。在新时代，党的政治建设引领党的建设，是党建引领当代中国发展的前提。① 党组织组织、引领社会的政治机制关乎党的领导力建设。阳泉矿区在重塑社区治理结构和治理制度体系中大力加强党的政治领导力，以思想建设、组织建设为重点，切实强化政治功能，突出政治影响。在基层治理中，党组织通过政治引领机制来加强其对基层社会（社区）的领导能力，从根本上增强基层党组织的组织力、群众凝聚力和政治动员能力。

第一节 以思想建设为中心

基层党组织在社区共同体中的领导权威与治理能力，不仅是把国家和社会治理的制度优势转化为社区治理绩效的根本路径，而且是夯实党在基层执政根基的关键所在。领导权威与治理能力源于政治权威的树立，后者就是政治权力的合法化，即对政治权力正当性的认同，表现为品德、素质、能力优异的政治领导者和其领导行为所产生的政治凝聚力。政治权威是政治

---

① 齐卫平：《坚决打赢新时代党的政治建设的硬仗》，《理论与改革》2019 年第 3 期。

权力最有效能的表现方式。它通常以政治权力为后盾，产生具有高度稳定性、可靠性的政治影响力和支配与服从的权力关系。

高效能的政治权威形成于良好的政治生态，政治生态反映的是一个地方政治生活的大环境和大趋势。自党的十八大以来，习近平总书记多次强调要严守政治纪律和政治规矩，营造风清气正的政治生态。习近平总书记指出："夯实管党治党基础，特别要有一个覆盖全面、功能健全的基层党组织体系，有一支素质较好、作用突出的党员、干部队伍，有一套便利管用、约束力强的制度机制，有一个正气弘扬、歪风邪气没有市场的政治生态。要选好配强农村基层党组织领导班子，团结带领农民群众脱贫致富奔小康。"① 营造良好的政治生态，这就要求每位干部从政治觉悟、政治担当、政治道德三方面下功夫，做个讲政治的人。一是要提高政治觉悟。悟性是思维的产物，是智慧的表象，是一个人综合素质的反映，做任何事情都要有悟性，从政要有政治觉悟。提高政治觉悟一方面要加强学习和积累经验，做到对政治理论、科学知识融会贯通，对自身专业、工作方法娴熟于心。另一方面需要把学习和思考结合起来，对新知识、新事物抱有浓厚兴趣，用心用力、思索钻研，努力想明白、想通透，而不能浅尝辄止、一知半解。同时，要善于总结，把零散的东西归纳成系统的知识，把感性的认识上升到理性的思考，不断寻求新思路、确立新理念，提高自身觉悟。二是要勇于政治担当。政治担当是政治立场、政治操守问题，核心是忠诚于党、忠诚于人民、忠诚于事业。勇于政治担当一方面要对中国特色社会主义理论坚信不疑，要真学、真懂、真信、真用、真坚持，做中国特色社会主义理论的坚定信仰者，不为各种杂音

---

① 霍小光：《把革命老区发展时刻放在心上——习近平总书记主持召开陕甘宁革命老区脱贫致富座谈会侧记》，《人民日报》2015年2月17日第2版。

所扰，不为各种诱惑所困，不被各种艰险所阻。另一方面要真心干事服务。职务有高低，岗位有不同，但是服务无差别。每位干部都要真心服务群众，积极干事创业，不怕失败、敢于负责，这才是干部应有的担当。三是要修炼政治道德。"德才兼备，以德为先"已成为选人用人的首要标准，强调"德"的重要性历来是党的优良传统，新的发展形势下，对干部"德"的要求更加严格。首先，干部要诚实守信，这是最基本的做人原则。要做到言行一致，不要表面一套、背后一套。无论大事小事，对待领导还是群众，都要秉公办事、实事求是。其次，干部要坚持执政为民。在任何情况下，都要牢记同人民群众的血肉关系不能改变、全心全意为人民服务的宗旨不能改变，要深入基层、深入群众，密切干群关系。最后，干部要勇于奉献。只有保持无私奉献的政治本色，才能发扬艰苦奋斗的优良传统，才能更好地团结和带领人民群众，凝聚出更加强大的力量。

阳泉矿区党政领导班子始终把党员干部队伍建设、作风建设作为重大政治任务，尤其是在近几年的经济社会发展中，阳泉矿区各级党员领导干部持续深入学习贯彻习近平新时代中国特色社会主义思想，坚定不移推动理想信念教育，驰而不息推动作风建设，毫不动摇强化本领提升，队伍忠诚本色不断彰显，能力素质显著提升，内生动力持续激发，党政事业为之一新，展现出了前所未有的朝气和活力。

一是"一心向党"的政治能力明显加强。绝大多数班子非常重视思想政治建设，能够自觉用党的最新理论成果武装头脑，各级干部的政治意识、大局意识、核心意识和看齐意识明显增强，都能够坚定地贯彻党的路线、方针、政策，坚决执行区委、区政府的决策部署，一心一意为矿区各项事业的发展努力工作；能够认真贯彻党的民主集中制原则，班子内部风清气正，团结和谐，整体功能发挥较好，在推动经济社会发展中发挥了引领作用。区级领导以发展为己任，勇挑重担，身先士卒，真抓实干。科级干部以号令为要，冲在一线，不畏艰险，以干克难，在完成一项又一项任务、战胜一个又一个困难中彰显了凝聚力和战斗力。

二是"一往无前"的开拓能力显著提升。从干部队伍原来的"五个找"，到现在脚踏实地干工作、掷地有声抓落实，都是抓作风建设和能力建设的重要成果。认真贯彻中央、省、市委人才工作总体要求，大力推动干部队伍知识化、年轻化、专业化，建立督导帮扶机制、"四争"机制、"三级书记抓民生"机制、"一周一学"机制，多渠道、多方式引导干部在重点岗位和基层一线进行历练，一大批年富力强的中青年干部走上领导岗位。对318名干部进行了调整，选送38名干部到"两办"和经济部门等重点单位进行综合锻炼，提拔23名干部到街道、到农村一线进行实践提升，8名科级干部走上了县级领导岗位，17名干部脱颖而出到了市级或以上平台工作，干部队伍年龄、学历结构得到全面优化，整体素质明显提升，展现出了前所未有的干劲、闯劲、钻劲。

三是"一锤定音"的攻坚本领不断增强。各级班子和广大领导干部积极响应区委、区政府号召，面对事关全区经济社会发展、群众关注程度高的热点难点问题和一些情况复杂的棘手问题，敢于迎难而上、动真碰硬、强力攻坚，为全区经济社会的长远发展铺平了道路、奠定了基础。阳泉矿区主动作为争取到了国家"独立工矿区"政策；敢想敢做争取到了省级特色产业集聚区试点项目；合力做事推动"中国纳谷"成为省级科创平台；精耕细作荣获国家级和省部级荣誉（试点）34项，"三有三无"的历史桎梏和不懂抓不会抓的现实制约，得到有效突破和化解。"小矿区办大事""小舞台唱大戏"，展现出了矿区干部敢想、敢做、敢为的骨气和志气。

四是"一抓到底"的落实能力极大提高。树立鲜明的"实在、实干、实绩"工作导向，持之以恒练内功、塑形象，全区上下干事创业氛围日益浓厚。经济部门谋篇布局现代产业建设，全力以赴优化发展环境，大力推动招商引资，落地了一批投资千万元以上的大项目、好项目；各街道和涉农部门坚持农业优先，智慧农业不断加码，都市农业体系渐趋成势，农村集体经济收入由5万元迈向50万元门槛。社会民生部门实施了"国家卫生城市"创建、"三供一业"改造、教育强区、民生提质等工程，取得了公认业绩。坚持"稳定压倒一切"思想，区域本质安全水平得到系统性治理，解决了一批"老大难"的信访问题；党群部门坚持虚功实做，不断推动为民办实事，基层首创的"鸿雁""红枫"等党建品牌，得到了省级及以上部门认可，进一步彰显了矿区人"能"、矿区人"行"、矿区人"成"的担当和魄力。

总之，阳泉矿区把思想建设贯穿重塑基层社区之始终，其政治思想建设经验有助于形成良好的政治生态。

第一，把思想建设作为根本，淬炼绝对忠诚的政治品格。各级领导干部都要把强化理想信念作为首要任务，淬炼对党绝对忠诚的政治品格，一心一意、一以贯之，表里如一、知行合一，任何时候任何情况都不改其心、不移其志、不毁其节。一要坚定理想信念。对马克思主义的坚定信仰，对社会主义和共产主义的执着信念，是作为一名党员的政治灵魂。学习党的历史、党的创新理论，是坚定理想信念最根本的要求。习近平总书记指出，理想信念坚定，党就拥有无比强大的力量，理想信念淡薄，党就会成为乌合之众，风一吹就散。作为新时代的领导干部，只有筑牢理想信念根基，才能拥有崇高的价值追求和道德修养，才能拥有开阔的胸襟和宽广的视野，才能坚守正确政治方向，在个人利益和人民利益之间做好选择题，在素质要求和能力不足之间做好填空题，在外部诱惑和清正廉洁之间做好改错题，才能真正肩负使命，做出为民实绩。因此，各级干部都要把筑牢理想信念作为从政为官的第一要求，深入学习马克思列宁主义、毛泽东思想、邓小平理论、"三个代表"重要思想、科学发展观,深入学习习近平新时代中国特色社会主义思想,不断提高马克思主义思想觉悟和理论水平,不断增强对远大理想和奋斗目标的清醒认知和执着追求,始终以一名合格党员的标准要求自己,做到入党一句誓言、一生坚守、一生作答。二要把准政治方向。党的十九届六中全会审议通过的《中共中央关于党的百年奋斗重大成就和历史经验的决议》得出的一个重大政治论断就是"两个确立",即确立习近平同志党中央的核心、全党的核心地位,确立习近平新时代中国特色社会主义思想的指导地位,这就是我们的政治方向。"两个确立"是全党全军全国各族人民的共同心愿,是不断推进实现中华民族伟大复兴的必由之路。作为新时代的党员领导干部,唯有深谙"两个确立"这个根本政治方向,善于从政治上看待问题、思考问题、解决问题,在政治立场、政治方向、政治原则、政治道路上始终同以习近平同志为核心的党中央保持高度一致,才能在惊涛骇浪中保持镇定,在风险挑战中保持定力,在抉择判断中做出正确选择,确保我们的工作和事业能赢得民心、赢得主动。三要对党绝对忠诚。习近平总书记指出,忠诚是共产党人最鲜明的政治品格。他多次强调,对党绝对忠诚要害在"绝对"两个字,就是唯一的、彻底的、无条件的、不掺任何杂质的、没有任何水分的忠诚。搞好矿区的事业,同样需要对党绝对忠诚的政治品格,特别是在推动高质量发展的路上,矿区还有很多尖锐而复杂的历史和现实问题,只有每个人都对党忠诚,拿出一颗为党、为民的真心来,才能说真话、办实事,把正气汇聚起来,把力量凝聚起来,营造出一个更加团结奋进的干事创业环境,才能披荆斩棘,清除改革发展路上的一个个绊脚石、拦路虎,把矿区的事办好。

第二,把严明纪律整饬作风作为关键,坚守廉洁从政之本律己修身是共产党人的终身课题。一要始终心怀敬畏,守住

"权力关"。权力是一把"双刃剑",用好可以为党分忧、为民造福,用不好则会祸国殃民、贻误终生。领导干部手中拥有一定的权力,身处各种人情世故的交汇处,身处各种贿赂犯罪的指向点,如果不能正确对待手中的权力,不能理性面对各种利益,思想稍有放松和懈怠,就可能在人情世故的纠缠中、在形形色色的诱惑和糖衣炮弹的进攻中,丧失原则,沾上污垢,滑向腐败的泥潭。各级领导干部要深刻认识贪腐的极端危害性,要充分认识到权力是人民赋予自己服务于人民的,要不忘问问自己也是群众的一员,经常反思"我是谁?我要做什么?为什么做"的问题,保持谦逊、感恩的求知求学态度,保持对"人民、权力、法纪"的敬畏之心,时时警惕警觉,事事自我约束,主动设堤防范,在政治原则问题上绝不含含糊糊,在大是大非面前绝不做"开明绅士",把党纪国法的利剑高悬头顶,不越"底线"、不闯"雷区",保持拒腐蚀、永不沾的定力,在清白做人、干净做事中,成为值得群众信赖和支持的好干部,真正在自己的岗位上创出一片新天地、干成一番新事业。二要坚持以德立身,念好"道德经"。国无德不兴,人无德不立,以德立身是各级领导干部必须坚守的内在政治标准。党历来十分重视加强党员干部的思想道德建设,把"德才兼备,以德为先"作为提拔任用干部的一贯方针,充分说明"德"是干部成长成才的根本。对于党员领导干部来讲,只有修身正心,具备高尚的品德,才能受人尊重,树立威信,才能拥有群众信服、称赞、敬佩的威望和言必信、行必果的诚实信誉,才能获得支持和拥护,肩负起党和人民赋予的使命和职责。作为党员干部中的"关键少数",要把道德修养作为立身之本,牢固树立马克思主义的世界观、人生观、价值观和正确的权力观、地位观、利益观,常修为政之德;要珍重自己的人格、珍爱自己的声誉、珍惜自己的形象,追求高尚的道德品质和情操,始终保持共产党人的朝气、锐气、正气;要经常自省,常思贪欲之害,不为私心所扰，不为名利所累，不为物欲所惑，积小德养大德，不断提高境界；要有强烈的道德责任感，做高尚道德的表率，努力以良好品行赢得群众的支持，做可信任之人、受尊重之人、能托付之人，努力用厚重品行创造厚重业绩。三要加强纪律修养，把牢"方向盘"。党的纪律是维护党的团结统一的重要保证，也是党区别于其他政党最明显的标志。各级干部都要把纪律修养作为提高自身修养的硬指标。要从落实每一个指令开始、从做好每一项工作开始，从规范自身每一个细小行为开始，切实把纪律要求内化于心、外化于行，转化为行有所止、言有所戒的自制力。要严格执行民主集中制，反对自由主义、极端个人主义，防止和克服自我主义、本位主义及"上有政策、下有对策"的不良倾向，不断增强领导班子的凝聚力和战斗力。要把严守纪律体现在工作和生活的各个方面，既在八小时之内，也在八小时之外，坚决向不良风气、不良作风宣战。要牢记"堤溃蚁孔，气泄针芒"的古训，在细微中见真章，以"致广大而尽精微"的定力，守好工作和生活中的每片净土，做到"心不动于微利之诱，目不眩于五色之惑"，任何时候都一心为公、一身正气、一尘不染，为大公、守大义，求得大我。

第三，锻造敢担当善作为的本领，锤炼干部成事之要。一要坚守为民，想担当。矿区作为老旧工矿型城市区，在经济发展、社会治理、城市更新以及民生服务保障上，都有着巨大的历史欠账和复杂的现实矛盾，这都需要各级干部心里装着"民有所呼、我必有应"的坚定信念，脚踏实地在一步步接续奋斗中回应解决。习近平总书记讲，江山就是人民、人民就是江山，打江山、守江山，守的是人民的心。只有眼里有了群众、心里装下群众，才能胸中有责、脚下有路、手中有活，才能真正在感情上贴近群众、在思想上尊重群众、在行动上关心群众，才能时时事事处处与人民想在一起、干在一起，不断在为民服务中，开创事业新局面，才能以"小我"的牺牲，成就人民"大我"的幸福，让矿区老百姓安康幸福。二要履职尽责，勇担当。想担当是前提、是意愿，敢担当是勇气、是关键，只有遇到矛盾不怕事、碰到问题不回避，敢于直面矛盾，跳进矛盾旋涡中去解决问题，才能真正担当起来，也唯有如此才能干出业绩。各级干部要珍惜机会机遇，要树牢"无功就是过、平庸就是错"的干事理念，从政不做庸官，勤政不做懒官，当官不做太平官，努力做一个离任后能留下些许印记的人、一个能让百姓时时想起的人。三要知责思为，敢担当。习近平总书记指出，领导干部都要拎着"乌纱帽"为民干事，而不能捂着"乌纱帽"为己做"官"。职务是做事的杠杆，岗位是为民的平台。对党员干部来说，担当最能反映一个干部的精神状态和素质能力，也最能影响一个干部的工作实绩和群众威信。各级干部唯有知责思责，发挥干在实处，走在前列的引领示范作用，拿出气魄和担当，才能破除思维惰性，克服路径依赖，才能在敢打、敢拼中，拼出好成绩，拼出人生事业新天地。四要提能蓄力，会担当。其一是把握大局的谋划力。各级干部要进一步强化系统思维、战略思维、辩证思维，善于从国家、省、市等战略和发展政策中闻到机遇、谋得先机，努力从政策导向和发展动态中抓住可能出现的机会，审时度势，因时借势，实现高质量发展。其二是结合实际的创造力。各级干部只有吃透上情、摸准实情、把握民情，才能找准政策与工作结合点和切入口，才能做出特色，创造经验。其三是一抓到底的执行力。大事必作于细，事业必成于实。各级干部要树牢目标导向、问题导向、效果导向，一项一项干，一步一步推，真正把小事做精致，把大事做精彩。五是真学实学，能担当。要把学习作为一种人生态度，什么时候都保持谦虚的求学态度，拜群众为师、向群众学习，不断汲取群众中蕴藏的宝贵知识财富，不断认识新情况、解决新问题，在学中干、干中学，厚重自己的人生和阅历，特别是要针对当前新知识、新情况、新事物加速产生的新情况，主动学习、加压学习，不断加快知识更新、优化知识结构、拓宽眼界视野，让自己的见识和能力跟得上时代的步伐和服务群众的要求。要将学习融入工作实践，等把一切学会了、学好了再来干是不现实的，我们的干部要坚持学用结合、学以致用，把学习与思考、运用结合起来，与思想实际、工作实际结合起来，通过不断学习、实践、总结、升华，把所学知识转化为服务群众的能力、转化为工作的业绩，练就出可堪大用、能担重任的真本领。

总之，近年来矿区各项工作均取得了很大的进展和成效，务实进取的氛围浓厚，干部队伍能力素质有了质的提升，对抓经济、谋项目的理解和运用有了很大改善。换言之，矿区良好的、团结进取、积极向上的政治生态树立了高效能的、高认同的政治权威，为矿区各项事业的高质量发展提供了坚实的政治保障。矿区良好的政治生态可以概括为"党性至上、政治为本"。矿区党政领导把讲政治放在首位，不管是党政部门"一把手"，还是社区、村"两委"主干，还是学校、区属国企负责人都要讲政治。党员干部只有坚持对党绝对忠诚的政治品格，才能不折不扣把党和国家的路线、方针、政策执行下去，才能确保政令畅通、执行有力。

第二节　以组织建设为重心

社区重构是一项"社会改造工程"，这个规划的社会变迁的核心就是党的政治建设和组织建设——政治机制，有了这个核心，社区治理结构体系才能够立起来。因此，重塑基层社区的基础工程就是党建，从这个社会治理逻辑出发，才能理解和解释阳泉矿区基层社区治理的创新实践是如何展开的。

第一，以党建引领作为社区治理体系的轴心。在以基层党组织为领导核心推进社区治理的过程中，主要有两种方式：一是以党组织体系为依托，通过党建工作体系吸纳社会力量参与；

二是构建一个法定的社会参与和协商平台，党组织通过这一协商平台发挥作用。在推动社区多元主体协商共治方面，矿区一直强调党组织的中心作用，由街道党工委承担起协调和推动社会各方力量参与社区治理的核心作用。在社区建设的改革试点中，首先，将社区党工委升级为街道党工委，新成立的街道党工委在班子中增加居民区、驻区单位、"两新"组织和区职能部门在社区的派出机构的代表。其次，在街道党工委的领导下，成立社区委员会，其由街道党工委主要负责人、区党代表、区人大代表、区政协委员、社区知名人士、居民代表、驻区单位代表等组成，作为社区议事、评议、监督机构。在此基础上，为了在实际工作中落实社区治理的多元共治，党组织以党建工作为引领进行了不同方式的创新和探索。最后，构建"党组织—楼组代表"的党建体系。一方面，居民区党组织在区域化大党建的总体格局下，通过驻区单位党组织担任党支部兼职委员的方式，通过联席会议等平台，实现单位资源对区域治理的补给。另一方面，居民区党组织也不断通过两种不同方式发展自身的组织体系，第一种方式是通过楼组长体系形成"党组织—楼组代表"的党建体系，有的居民区在楼组层面形成了楼组长加上宣传员、调解员、安全员、社保员、卫生员的组织架构；第二种方式是通过联系和培育群众性团队来发展党的组织体系，形成"党组织—群众性团队"的党建体系，群众性团队目前仍主要以老年人和自娱自乐的组织为主。需要指出的是，在许多居民区，群众性团队中的积极分子与楼组代表有一定程度上的重合，即群众团队的积极分子同时也是楼组代表。

第二，网格化党建。在单位制解体以后，随着流动党员、新经济组织、新社会组织的大量出现，基层党组织首先面临的挑战是党的组织覆盖能力减弱，随之而来的是党的工作覆盖能力和影响能力的下降。但同时，新形势下的社会治理又要求更全面的社会公共服务、更全面的社会利益整合和更全面的社会多元参与。因此，党组织引领社区建设的第一个工作就是推动党组织体系的全覆盖，首要目标就是社区党建全覆盖。在具体的工作中，全覆盖的基本方法有：一是推动"两新"组织建党，推动党建工作的组织覆盖和工作覆盖；二是通过党员在居住地报到的"双报到"机制推动居民区党建；三是在前面两项工作的基础上，梳理党的组织体系，形成"社区党工委＋社区行政组织党组/社区综合党委/居民区党委"的"1＋3"机制。近年来，矿区原有的"1＋3"机制进一步改革为"街道党工委＋行政党组/社区党委"的"1＋2"模式。社区党建的全覆盖和网格化不仅健全了党的组织体系，而且起到了基层党组织划块明责的作用，党的组织体系也通过网格化的形式深入社区基层。

第三，区域化党建。社区治理本质上是要整合各类社会资源解决好区域治理的问题，因此党组织在社区治理中不得不面对治理资源不足的问题。作为解决这一问题的措施之一，社区党工委首先是整合区域内驻区单位资源，由此形成了区域化大党建模式。其主要做法，一是社区党工委重点吸纳驻区单位党组织负责人形成大工委体制；二是推进驻区单位党支部和社区党支部的双结对；三是在党建网格化的基础上推进组团式服务群众工作。并且在区一级，通过党建联席会、区域党建促进会等形式发挥驻区单位在社会治理中的作用；在居委会一级，探索了社区党支部兼职委员制度。尽管区域化大党建强调联合驻区单位、社会组织等多种形式的党建资源。但由于驻区单位中主要是大型国企、事业单位等党组织的设置和党建功能发挥比较完善，因此目前区域化党建的核心实际是重点整合大型单位和国有单位资源，以单位资源补给区域治理的不足。另外，在党组织引导社会组织参与社会治理方面，存在一个将社会组织的服务项目与社区治理的需求对接起来的问题。因为，事实上尽管区域化党建有效地将单位资源导入社区治理，但运用这些资源并将其转化为惠及社区居民的服务项目的仍然是党政的组织体系,社会力量作为社区治理的重要主体之一仍然缺位。认识到这一问题,矿区在社会组织管理方面进行了有益的探索。如成立社会组织联合会,同时在其中以"党建"促"社建",成立社会组织联合会党总支加强对社会组织的引导,同时也加强对社会组织的各类服务。街道层面对枢纽型党建的探索,主要是通过社区生活服务中心,引导社会组织提供社区服务。从这一目标看,这是党组织培育社会力量的一个有意义的探索方向。

第三章 以组织力为中心的组织机制

以政党为中心重塑基层社区，党的组织建设的核心问题就是党的组织力建设问题。也就是说，抓好党的组织力建设，就是要不断提高党的组织建设的制度化、规范化、科学化水平。第一，必须增强制度意识，把加强制度建设作为提高党的建设和组织工作质量的根本保障。第二，抓好党的组织制度建设，要始终保持狠抓执行的落实韧劲，强化违规必究的制度刚性，不断增强党的组织制度的治理效能。第三，只有健全且有效的党的组织网络建设，才能够把多元的、异质化的社会成分和社会力量整合进基层社区治理体系当中。

单位制解体后，社区面临着如何重新整合社会、组织和管理社会的问题。原来单位的企社结构既为党组织组织、引领社会提供了社会基础，又深刻影响着党组织处理其与基层社会关系的路径、方式和效果。一方面，离开单位的企业员工与原单位之间仍然存在着难以分离的种种利益关联，比如房屋产权、物业管理以及单位福利，这些都与原单位权责难辨且会长期存续下去。另一方面，原来企业单位的组织传统、文化"惯习"和权威体系依然在场，对个人的认同和情感归属有直接的影响，单位时期所形塑的生产和生活共同体的情感认同和文化认同并没有失去根基，原先共处同一单位的人们依然保持着"单位人"的意识、情感和行为方式，以至于形成"惯习"。换言之，新的社区建设必须构建新的组织机制，将走出单位体制的原子化个体重新组织起来，建设一个新的社区共同体，其中至为关键的就是如何利用党的组织系统来进行社会整合并重塑新的社区共同体意识及治理结构体系。

第一节　支部建在"单位"上

党支部是党的基层组织，是党嵌入基层社会的基础性组织网络，也是基层社会的治理中心，发挥着组织社会的核心作用。用"社会中的党组织"或"党组织在社会中"这一概括，可以对党在社会领域发挥组织领导核心作用的社会政治功能做出透视，如前所述，这由"作为整体的政党"的中国共产党在国家与社会关系中的结构性位置所决定。如果说公共组织（政府）在公共治理中更多起着决策作用，那么党的基层组织在许多没有公共组织（政府）的社会领域担负着公共治理的责任，发挥着组织核心和领导核心的作用。

基层党组织通常都具备政府权威资源和社会权威资源，它既可以通过政府渠道来治理社会，也可以对社会发挥直接的影响。数量庞大的基层党组织覆盖了整个社会的各个领域。据《中国共产党党内统计公报》的数据显示，全国9125个城市街道、29620个乡镇、119437个社区、488959个行政村已建立党组织，覆盖率均超过99.9%。全国共有机关基层党组织77.1万个，事业单位基层党组织99.7万个，企业基层党组织160.0万个，社会组织基层党组织18.3万个，基本实现应建尽建。① 覆盖整个社会的基层党组织，虽非国家公权力的组成部分，却是

---

① 截至2023年12月31日，中国共产党党员总数为9918.5万名，比2022年底净增114.4万名，增幅为1.2%。中国共产党现有基层组织517.6万个，比2022年底净增11.1万个，增幅为2.2%。其中，基层党委29.8万个，总支部32.5万个，支部455.4万个。参见《中国共产党党内统计公报》，2024年6月30日，http://www.qstheory.cn/yaowen/2024-06/30/c_1130171069.htm。

党和政府的施政工具，它们在各自范围内发挥着政治领导、组织动员和落实政策的作用。也就是说，在社会治理意义上，党组织比政府部门在公共治理中的作用更大，它一方面在各类社会组织中发挥着领导核心作用，另一方面它在基层公共组织（政府）与个体民众之间也扮演着沟通、协商和整合的社会政治角色。

矿区街道的基层社区，其居住空间结构和居民身份归属大多在原企业单位的分工协作基础上，例如，一矿、二矿、三矿、四矿、五矿等，换言之，今天的社区不仅是原来企业的生产单位，也是企业职工的生活单元，故此，各街道社区支部建设就具有了单位特色（见表3—1）。

表3—1　　　　　　　矿区各街道社区支部所在企业单位

街道名称	所在厂矿	党支部数量	党委数量	党员数量
沙坪街道	一矿	56	8	1400
蔡洼街道	二矿	63	8	1643
赛鱼街道	三矿	76	9	2355
桥头街道	四矿	48	1	2231
贵石沟街道	五矿	1	4	673
平潭街街道	阳煤集团机关驻地的辖区	4	9	3447

支部建在企业单位上，不仅解决了支部管理的规模问题，而且契合了过去的单位社会的性质。单位如同村庄，是一个"纵向结构"的"熟人社会"。在之前，单位不仅是一个生产共同体，而且是一个生活共同体。在同一个单位中，工人们一起劳动，互相交往和熟识。单位也通过各种竞赛、娱乐活动等增强职工的凝聚力和认同感。此外，每个单位都有自己的家属区，居住相对集中。共同的劳动体验、生活场景锻造了工人们较强的单位认同。同时，不少职工都是数代人共同在一个单位就业，

世代交替形成了较为深厚的历史记忆。单位在建构生活共同体以及培育共同体精神方面具有不可替代的功能。单位解体后，许多职工家属仍然居住在单位家属区。大家仍然共享着之前的单位历史记忆和认同。尽管人员流动量加大，特别是年轻人流动到外地务工经商等，但企业单位的社会空间结构及社会交往关系并不会因此割断，原来企业单位的熟人社会的认同意识、归属意识、特性及惯习渗透于社区生活共同体当中。

单位的熟人社会特质为社区以单位为依托开展党建工作提供了宝贵的政治资源和优良的人才储备。一方面，党支部可以利用之前的熟人社会关系网络来开展工作；另一方面，单位解体后，单位行政体系解散了，但是单位中的党员的身份并没有发生改变，他们仍然是党组织的成员。相较于一般群众而言，社区通过党组织系统来动员党员积极分子要容易得多。而且，社区以党组织为载体和抓手来推动工作，相对而言是较为简便易行的路径。

此外，支部建在单位上，使党的基层组织边界与社会治理边界重合，为提高治理的有效性创造了体制条件。事实上，基层治理的关键问题之一就是如何确定治理单元。这不仅是一个治理规模的问题，而且涉及社会关系能否有效理顺的问题。它在很大程度上决定了治理效果和治理方式。在矿区各街道社区，支部既是一个党的基层组织，又是一个治理单元，还是一个熟人社区。每个单位支部既是一个自治的、具有相对明确社会关系边界的熟人社会，又是一个具有相对自主权的治理单元。

实地调研还发现，矿区各街道社区的党组织体系与网格化管理体系也具有高度重合性。亦即，社区网格是以单位支部为基础建立的。各支部书记、党小组组长和党员都被整合进了网格化管理体系中。党组织建立在单位上，网格化管理体系也是以单位为载体。党的组织体系就是网格体系，也是单位体系。

第二节　支部融入社区治理

阳泉矿区基层党建在强化党建自身政治建设的同时，已将党建工作与基层政权建设和加强基层社会治理能力紧密结合起来，使基层党组织在基层治理的主导地位获得了体制机制方面的实质性强化。

第一，建构基层党政权力统合结构。为提升社区治理效能，维护基层社会秩序稳定，改变以往基层治理权力运行体系中的党归党、政归政所造成的权力分散与社会治理低效率问题，近年来，通过对基层党政权力系统的重新组合，阳泉矿区街道社区基层党组织的政治功能和社会治理功能得到了极大的强化，形成了以基层党组织权力为核心的社区党群治理结构——"社区党群服务中心"体系，① 基层治理实现了权力集中和权责合一，基层党组织的权威领导地位获得程序性和制度性的强化，提高了党政权力运作的执行力和效率，以及对基层社会的管理和服务能力。

第二，形成党政系统与社会系统的互嵌式治理结构体系。长期以来，基层群众自治组织功能弱化，来自党政系统的政治和政策要求很难落到实处。针对这种治理状况，阳泉矿区将以往作为基层治理主体的村（居）委会及其社群组织行政化、制度化和结构化，把党政机制和社会机制有效地结合起来，实现党政权力统合下的社会各方共管共治。比如，基层党委书记集党组织、行政机构、村（居）委会等领导职务于一身，同时区域党建将深入经济社会领域的党支部及党员整合起来。通过这一系列的制度变革来改变自己与其他社会成分的治理关系，以

---

① 注：阳泉矿区六个街道社区的社区党群服务中心于2011年成立。

适应变化了的社群结构和治理环境，确立基层党组织的领导核心地位和权威治理形式。

第三，对基层党委主导的公共产品供给与公共服务体制机制的功能强化。基层党建在关系民众日常生活的民政、公安、户籍、工商、税务等领域积极开展有效的便民服务，投入大量经费，用于城乡道路、医疗卫生站、公共电视网等公共设施的改进，并大力推进村（居）环境整治、文化下乡、法律下乡等工程。同时，建立、健全社会救助制度，维护社会弱势群体的权益。强化公共服务，完善公共教育、医疗、社保、就业等方面的服务，扩大社会保障的范围，促进社会的公平正义，推动和谐社会建设，同时强化政府的应急处理能力。这使基层党建工作有统合资源的平台和行动能力，只有这样才能实质性地深入基层社会的千家万户，让"惠从党来"的观念树立在社区民众的心中。

例如，在对基层党组织实质化强化的过程中，支部不仅是一个党的基层组织，而且是一个实体化的治理单位。这突出表现为支部具有较大的自主权，支部书记能够决定本支部范围内的事务。（1）社区赋权支部书记。社区党委赋权支部书记挑选居民小组长、楼栋长，组建治理团队。在居民小组长、楼栋长的人选问题上，支部书记具有决定权。鉴于矿区"单位社区"的特点，支部书记挑选居民小组长和楼栋长的途径主要有两条：一是从单位的熟人中寻找。从原单位中挑选自己熟识和信任的人担任居民小组长或楼栋长。二是支部书记通过他人推荐，然后亲自考察把关。支部书记确定居民小组长和楼栋长人选之后，只需要向社区提交名单备案即可。这样，通过直接或间接的熟人关系，支部书记得以确定居民小组长和楼栋长。赋权支部书记，也有利于增强党组织对居民小组长和楼栋长的整合，使支部真正成为一个实体化的治理单元。（2）树立支部书记的权威。要使支部实体化，除了赋权之外，还要树立支部书记的权威。在矿区各街道社区，各项工作安排主要是社区直接对接支部书记，支部书记再在支部统筹安排。社区召开工作会议时，都是先通知各个支部书记，再由支部书记通知本支部需要参会的人员。会后，支部书记再下去做动员工作，统筹安排下面各居民小组长，居民小组长再通知各楼栋长。社区直接对接各个支部，凡事都不能绕开支部书记，凸显出支部书记的重要性，使支部书记成为上联下达的重要枢纽。支部书记的权威得以树立起来。（3）以支部为主体开展工作。社区的各项工作都是以支部为主体来推动。矿区各街道社区通过赋权支部书记、确立权威等措施，使各个支部被做实，实现政治过程对行政过程的统领，即党组织对行政的领导。党组织开展的活动不是形式化的仪式，而是真正引导党员参与基层社会治理。党的组织没有和居民小组、楼栋分离，而是通过支部书记来整合居民小组长和楼栋长，使支部实现对居民小组和楼栋的引领，最终达到党政一体化的目标。

从实地调研情况看，矿区基层党建组织、引领社区建设主要在如下三个方面进行创新。第一，把基层党建与基层政权建设紧密关联起来；第二，把基层党建与社会治理创新紧密结合起来；第三，把基层党建工作重心放在社会组织能力和社会动员能力建设上。围绕上述社区建设中心工作，矿区基层党建组织、引领的社区治理创新经验，可以归纳为以下三个方面。

第一，在基层党组织的组织执行能力建设上，阳泉矿区构建了基层党建运行新体系，实现了基层党建的全覆盖。2018 年 7 月，习近平总书记在全国组织工作会议上强调，"加强基层党组织建设，要以提升组织力为重点，突出政治功能。要健全基层组织，优化组织设置，理顺隶属关系，创新活动方式，扩大基层党的组织覆盖和工作覆盖"[①]。一直以来，阳泉矿区为适应

---

① 习近平：《在全国组织工作会议上的讲话（2018 年 7 月 3 日）》，人民出版社 2018 年版，第 13—14 页。

城市社会群体结构和组织架构的变化,努力强化街道社区党组织的作用,突出政治功能,发挥组织优势,整合各类资源,构建党建引领社会治理的新机制。

比如,在社区层面,社区党委书记统领全局,身兼数职,实现了党组织的全面领导和下沉;充分发挥驻区单位、物业公司、业主委员会的党员负责人作用,对需要协调解决的"大事"、关系民生福祉的"实事"、基层无力解决的"难事"进行共议共商,不断增强社区党组织的凝聚力和战斗力。如此,从党组织引领到党组织覆盖,从组织的无缝覆盖到工作的有效覆盖,矿区在持续扩大党的组织覆盖面方面进行了大量有效的尝试,保持了基层党组织的旺盛活力。

第二,在社会动员能力建设上,阳泉矿区从社区居民利益关切上入手,引导群众树立"惠从党来"的意识,把社区治理建立在全体社区居民的利益共享和价值共享之上。社会动员能力长期以来都是党的政治优势,不断提高新时代党的社会动员能力,可以广泛凝聚全社会的智慧和力量,这在处于从单位制向社区制转型的矿区重塑基层社区上体现得尤为明显。

比如,引导区域各基层党组织开展共学共建共治共享活动;组织辖区单位参与基层党建、社区治理、服务群众等工作,实现党建联抓、难题联解;发挥街道社区党组织在社会治理中的领导核心作用;组织辖区单位党员参与矛盾化解、清廉社区建设等活动,共建和谐家园;以党组织为纽带,搭建合作平台,开放公共设施,实现资源共享。这一过程的关键是:能够在利益共享和价值共享的基础上建立起公共伦理文化,将社区中的原子化个体凝聚起来,使社会动员能力、群众工作能力、公共服务能力统一转化为共建共治共享的合力。

第三,在社区公共服务供给上,矿区各街道社区把社会力量尤其是社会组织引入社区治理建设中,通过购买服务或培育社区志愿者等方式,为社区提供优质的福利和服务。社会组织是民众参与公共事务、推动经济社会发展的重要力量，加强党的全面领导，发挥党建引领作用，与支持社会组织履行职能是有机统一的。评判城市基层社会治理组织体系完善与否，往往与多元主体协同治理，特别是社会组织的有效参与程度密切相关。对此，矿区社区治理创新实践提供了一些可资借鉴的有效经验。

比如，创新党组织及党员为群众服务的途径和方式，打造服务型基层党组织；选优配强街道社区领导班子，注重选拔党性强、能力强、善协调、会服务的党员担任党组织书记；将街道社区干部纳入全区干部队伍建设总体规划，打造专业队伍，提升服务能力。搭建社区智慧党建平台，精准对接群众需求，实现服务事项数字化申请、交互式审核、跨部门办理，力求让群众生活和办事更方便；推进社工队伍服务精准化、社会组织服务个性化、党员志愿者服务常态化。

第三节　社区再组织化

在从单位制向社区制转型过程中，如下问题比较突出：第一，社区治理体制机制不够完善，一是监督机制不健全。主要表现为监督的主客体错位、监督运行方式单一。二是居民参与社区事务缺乏一套操作性强的程序或规定。三是社区过分依赖政府，对自身管理如何完善思考较少。四是管理制度政社不分，自治功能弱化。第二，居民参与社区自治意识不强，一是缺乏归属感。居民对社区的认同感、归属感不强。二是居民参与社区自治积极性不高。三是居民自治合力不足。社区工作重管理轻服务，社区居民自感与社区关系较小，没有形成合力。第三，社会服务组织培育发展不足。街道登记社会组织多集中在社区培训、养老、未成年人等领域，还处于起步阶段，真正能够承接政府公共服务项目的社会组织仍然很少。

针对上述问题，首要的解决之道，就是对社区进行再组织化。从实地调研情况看，阳泉矿区各街道社区的组织化过程至少涉及三个部分：一是社区服务组织化，比如，党群服务中心、政务服务中心和社会服务中心的建设；二是机构管理的常态化与组织化，比如来自街道的分片干部进入社区管理工作中；三是监督激励机制的完善。

一 完善三大服务平台建设，提升社区治理质量

一是打造党群服务中心。党群服务中心是党组织和群团组织引导社区治理方向、服务社区居民的核心窗口。阳泉矿区各街道社区着力建设以党建带动工会、共青团、妇联等群团组织建设的社区党群服务中心，构建党建工作和群团工作一体化格局。中心设党员服务站、"两新"组织联络点、群团组织服务站、党群活动室等机构，办理党群组织接转、党费收缴、党员发展等业务，提供咨询、指导、协调、帮困、教育和培训等服务，倾力打造一个基层党群组织服务党员、群众的平台，全面提升基层党组织及群团组织的影响力和号召力。

二是打造政务服务中心。政务服务中心是政府集中办理社区治理事务、提供综合服务的关键平台。依托市民中心，建立社区政务服务中心，主要承担各项社会管理和政务服务工作，同时承办街道办事处在社区开展的治安、卫生、人口、计生、文化、民政、劳动、科教、环境、维稳综治等工作。通过提供"一站式"服务，让社区居民办事少跑冤枉路，不出社区就能享受到各种优质服务，逐步打造一个便捷式服务平台。

三是打造社会服务中心。社会服务中心是汇集多方资源、合力共促社区治理的重要载体。搭建社会组织服务社区治理综合平台，为入驻社区社会组织提供既有规模又有水平的优质服务场所和办公场所，全面负责社会组织提升培育和统筹管理，联动各类社会组织借智借力、优势互补、强强联合，形成社区

服务强大合力。充分尊重民意，周全考虑社区老中青、老弱病残、妇女儿童等不同群体居民需求，引进和发展居家养老服务、妇女儿童权益保护、文化服务、心理疏导、亲子教育等多类型社会服务组织，实现社区居民在一个中心就能满足多种需求的愿望。

从传统社区向现代社区的转型过程中，为满足社区居民新的需求，迫切需要各方共同参与社区治理。在新型社区治理中，各街道社区努力夯实自治组织、议事组织、社会组织、集体经济组织四大组织保障，形成社区治理的强大活力。

一是完善自治组织，增强社区治理内聚力。小区内有住房且居住在小区和在小区租住三年以上的居民，自动成为新型社区选民，享有选举新型社区居委会和自治组织的权利，并成为新型社区集体经济组织成员。例如，平潭街道一社区，小区选民以24户为单位，通过一户一票方式选举产生了单元代表120名。以150户为单位，将小区划分若干楼栋片区，由楼栋片区内的单元代表选举产生了楼栋长15名，在党支部领导下全面行使自治职能，大大增强了居民自我管理、自我服务的动力和效力。

二是放权议事组织，汇聚社区治理统筹力。在居民中成立议事组织，尽量把事关每个居民的大事小情落实在协商基础上。比如，社区每楼栋片区单元代表自动组成楼栋议事小组，由分属党小组牵头，楼栋长担任议事小组召集人，共同负责议定本楼栋内各项自治事务，并监督相关事项的落实情况。

三是引进社会组织，拓宽社区治理服务面。引进和培育专业化社会组织，着力实现专业社会组织本土化，为社区提供了一个从"难以兼顾"到"专业化服务"的孵化平台。例如，开展学龄前儿童辅导、托管等服务；开展未成年人课程辅导、拓展教育等服务；成立慈善基金会，开设"慈善超市"，进一步夯实公益慈善基础；等等。

四是壮大集体经济组织,支撑社区治理发展力。阳泉矿区各街道社区几乎都有集体经济组织,这些经济组织为社区公共事务、社区居民福利等方面做出了力所能及的贡献,例如,不管集体经济组织的体量大小,它们基本上能够为社区提供物业管理、维修、文化项目、志愿者发动等方面的服务。

二 分片包干制

分片包干制是将行政包干制运用在社区治理中的一种监督问责机制。实地调研可知,在矿区各街道社区,除党委书记和居委会主任外,其余党委委员或社区委员都有分包片区的任务分工。整个社区被划分为 N 个片区,每个片区包含一个或两个支部。每名委员各分管一个片区。这样,社区与支部之间通过片区制度来对接。社区党委(居委会)做出决策后,"两委"委员可以传达、督促各个支部的落实进度和状况,及时指出和纠正支部在工作中可能出现的失误或问题。这有利于加强社区对支部的控制。

三 考核监督机制

在各村庄和街道社区,社区党委制定了对各个支部的目标管理考核制度。

对村(社)党组织的考核,主要包括:(1)围绕述职评议考核主要内容,撰写年度各村(社)党组织书记抓基层党建工作述职报告。(2)起草党组织书记抓基层党建工作的自我评价意见,要求工作亮点不超过5项、存在问题不少于5项、总字数控制在1500字以内,各村(社)党组织专项行动方面的亮点和问题至少3个。不能就问题谈问题,要通过点上问题的表现,深入查摆自身在政治、思想、组织、作风、能力等方面存在的差距和不足,使提出的问题有高度、有站位、有说服力。(3)按要求提供年度加分项印证材料,主要包括:基层党建某项工作受到中央、省委和市委表彰；承办全国、全省或全市基层党建现场会；有关经验做法在中央、省级有关会议上进行经验交流，被省级以上党委或组织部门推广学习。①

另外，对党组织书记的考核还包括抓基层党建工作综合量化考评表。主要内容包括：（1）落实基层党建责任制（30分），考核内容：通过"三会一课"、主题党日等多种形式组织学习；党员干部对党的最新精神的熟悉情况；在乡村振兴、基层治理等中心任务中基层党组织和党员发挥作用情况；上年度反馈问题整改情况和落实党风廉政建设、意识形态工作责任制等情况。（2）党员队伍管理（35分），考核内容：党员是否存在违规违纪情况；党务工作规范情况；加强和改进流动党员管理情况；党费收缴、使用和管理情况。（3）党员教育培训（35分），考核内容：开展党员集中培训和轮训情况；开展党员日常教育情况；创新开展党员教育情况。

根据以上考核，就有了对各个支部的目标管理的总体评价："好"是80分及以上；"较好"是70—79分；"一般"是60—69分；"差"是60分以下。另外，按"好""较好""一般""差"分别打分，其中"较好"或以下等次的应不低于支部总数的1/4。②

2022年，矿区制定社区（村）党组织书记星级化管理实施方案，完成对44个社区、12个村的党组织书记星级化初评，其中，15个社区和7个村党组织书记因任职不满1年未参与初评。社区评定结果：十三星级1个，七星级1个，五星级1个，四星级2个，三星级2个，二星级8个，一星级14个；村评定结果：四星级1个，三星级1个，二星级1个，一星级2个。探索制定"星级文明户"评选方案，通过定星、评星、挂星，倡导和鼓励

---

① 资料来源：课题组在蔡洼街道调研所得资料，2022年12月。
② 资料来源：课题组在蔡洼街道调研所得资料，2022年12月。

群众以先进为榜样,践行社会主义核心价值观,推动形成爱国爱家、相亲相爱、向上向善、共建共享的家庭文明新风尚,让乡风文明有"镜子"可照、有"标尺"可量。

在上述监督考核制度下,社区与支部结成了紧密的"责任—利益"共同体,尤其是确保了党的链条的相对连贯性,使党的系统居于领导地位。这样,矿区各街道社区形成了社区党委(居委会)—片区—党支部—居民小组—楼栋为主体的五层治理体系。

第四章　以凝聚力为中心的吸纳机制

基层社区重塑的吸纳机制，是指基层党组织将社区居民中的党员、积极分子吸收进来，将其纳入社区治理的管理服务体系。吸纳机制关系到基层党组织的凝聚力的形成，也关系到基层党组织先进性的保持。基层党组织要组织、引领社会，就需要吸纳社区中的党员、积极分子充实到社区党员干部队伍之中。

阳泉矿区各街道社区在吸纳原企业单位中的退休党员领导干部、积极分子为社区服务方面，积累了很多宝贵的经验，在重塑社区治理组织与管理体系上，以凝聚力为中心的社区吸纳机制发挥了社区共同体的凝聚和社区认同作用。

第一节　发挥社区党员的先锋模范作用

阳泉矿区各街道社区党员中有很大一部分是原来企业单位的退休党员。对社区党组织建设来说，这是一笔宝贵的政治资源。可以说，阳泉矿区各街道社区党建之所以能够较好地在基层社会治理中发挥引领作用，很重要的原因在于社区善于吸收原企业单位中的党员领导干部、积极分子等骨干力量进社区。

一是党员关系进社区。建立完善离退休党员干部学习活动登记本制度，把离退休党员干部的社区报到服务情况作为年度民主评议的重要内容，引导离退休党员干部到居住地所在的社区（小区）报到，亮明党员身份，履行党员义务，认领党员先锋岗、志愿服务项目，自觉接受社区党组织管理，定期向原工作单位党组织报告参加社区组织生活情况。

二是党的组织进社区。积极探索在离退休党员干部集中的小区、活动学习场所、志愿服务组织中，建立党组织或临时党组织，深化地缘型党组织建设，抓好"三会一课"、主题党日、组织生活会等。鼓励离退休党员干部自愿把组织关系转入居住地社区党组织，引导有公益心、有热心、有能力、有威望的离退休党员干部担任居住小区党支部书记、委员，在推进社区网格化党的建设中发挥独特优势和作用。开展离退休党员干部融入近邻党建示范社区（小区）创建，力争每个社区至少建立一个离退休党员干部党组织或临时党组织。

三是党建资源进社区。实施应对人口老龄化国家战略，通过党建共建、活动联办、场所共用等方式，用好社区活动基地、"老党员之家"、老党员工作室、老年大学、红色驿站和日间照料中心等平台，进一步完善社区党建资源，为社区离退休党员干部开展活动提供保障。

四是志愿活动进社区。围绕坚持党的全面领导、弘扬伟大建党精神、推动高质量发展、加强基层治理和践行社会主义核心价值观，确定党的理论宣讲、小区（网格）协管、社区治理监督、文明督导、关心教育下一代工作等多项"党建+"志愿服务内容，每位离退休党员干部可根据个人兴趣特长，选择1—2个志愿服务项目，每年参加社区志愿活动2次以上。

另外，阳泉各街道社区的企业单位也大力协助社区党建建设，与社区党建共建。例如，国有企业退休人员移交街道和社区实行社会化管理，国有企业采取党建共建、活动联办、场所共用等多种形式，加强与街道、社区党组织的联系对接，确保落实老同志的政治待遇。明确企业党建共建的责任，企业离退休工作部门要突出政治功能，发挥政治作用，提供政治保障，稳妥做好退休党员干部从企业党组织转移到社区党组织的衔接过渡。

阳泉矿区一贯重视离退休党员干部的党建工作，正确认识退休党员干部的特点和诉求。高标准建设党组织，党员学习教育活动开展得有声有色。企业退休党员干部的政治优势、经验优势和威望优势显著，尤其是刚刚进入退休队伍的年轻"60后"，他们学识素养高、工作能力强、身体条件好，具备发挥余热的能力，也有继续奉献社会的意愿。针对社会化管理新形势，退休党员干部移交社会化管理之后，企业既不能"一交了之"，也要避免"大包大揽"，而是要协助街道和社区做好有关工作，推动创建企业与地方"两手托举、共同关爱"的新格局。这一点，阳泉矿区做到了（参见表4-1）。

表4—1　阳泉矿区原企业单位离退休党员干部情况统计

街道名称	支部名称	党员数量	对应单位/人员
沙坪街道	中共阳泉市矿区沙坪街道退休人员委员会	919	华阳一矿
桥头街道	退休党支部	1366	华阳集团一矿、二矿、三矿、四矿、五矿、新景矿、开元矿、升华实业分公司
赛鱼街道	中共阳泉市矿区赛鱼街道井沟社区退休人员支部委员会	138	华阳集团等
	中共阳泉市矿区赛鱼街道麻地巷社区退休人员支部委员会	186	华阳集团等
	中共阳泉市矿区赛鱼街道赛鱼社区退休人员支部委员会	321	华阳集团等
	中共阳泉市矿区赛鱼街道南楼社区退休人员支部委员会	67	华阳集团等
	中共阳泉市矿区赛鱼街道如意庄社区退休人员支部委员会	119	华阳集团等

续表

街道名称	支部名称	党员数量	对应单位/人员
赛鱼街道	中共阳泉市矿区赛鱼街道大垴沟社区退休人员支部委员会	277	华阳集团等
	中共阳泉市矿区赛鱼街道龙泉社区退休人员支部委员会	140	华阳集团等
	中共阳泉市矿区赛鱼街道虎尾沟社区退休人员支部委员会	300	华阳集团等
贵石沟街道	水滩社区离退休支部	198	潞安五矿、兆丰铝业、云潭物业第五服务中心、自备电厂
	枣岭山社区离退休支部	20	潞安五矿、华旺公司、阳泉恒汇液压设备有限公司
	苏村社区离退休支部	68	潞安五矿、阳泉集泉供水有限公司
	小河滩社区离退休支部	201	潞安五矿、华阳中小企业
蔡洼街道	蔡东社区离退休支部	91	华阳二矿、华越机械、二矿工会、武保部、升华二中心、奥龙胶带
	东四尺社区离退休支部	105	华阳二矿、建安公司、升华总公司、华阳煤层气开发利用分公司、矿区直属机关、阳泉市中小企业有限公司
	东窑房社区离退休支部	68	晋能华越机械有限公司、华阳新景矿、华阳三矿、阳刚留守处、宏厦三建、机厂小学、华阳升华、市印刷厂、华阳武装部、矿区政府、铁路局石家庄建筑段、华阳房地产
	莱市社区离退休支部	197	华阳二矿、建安公司、升华总公司、物资经销公司、晋能华越机械有限公司、华阳煤层气开发利用分公司、华阳新材料集团有限公司、矿区直属机关、阳泉市中小企业有限公司、阳泉交通运输公司
	蔡西社区离退休支部	84	华阳二矿、二矿多营
	南台社区离退休支部	50	华阳二矿、华阳二矿选煤厂、工会、二矿多营、通风区、运输队、五矿自备队、晋能华越机械有限公司、宏厦一建

续表

街道名称	支部名称	党员数量	对应单位/人员
蔡洼街道	新源社区离退休支部	120	阳光发电厂、华阳一矿、华阳二矿、华阳三矿、升华总公司、奥隆胶带厂、华阳新景矿、晋能华越机械有限公司、华阳煤层气开发利用分公司、华阳新材料集团有限公司、矿区直属机关、阳泉市第三中学、第五中学、阳泉市人民政府国有资产监督管理。
	小南坑社区离退休支部	396	十四中、华阳二矿、教育局、中小企业、铁路
平潭街街道	中共阳泉市矿区平潭街街道大院社区退休人员支部委员会	365	市直机关退休党员、区直机关退休党员、华阳集团退休党员
	中共阳泉市矿区平潭街街道马家坪社区退休人员支部委员会	217	
	中共阳泉市矿区平潭街街道育才社区退休人员支部委员会	192	
	中共阳泉市矿区平潭街街道西山社区退休人员支部委员会	52	
	中共阳泉市矿区平潭街街道洪城河社区退休人员支部委员会	549	
	中共阳泉市矿区平潭街街道苹果园社区退休人员支部委员会	105	
	中共阳泉市矿区平潭街街道东山社区退休人员支部委员会	170	
	中共阳泉市矿区平潭街街道平潭街西社区退休人员支部委员会	125	
	中共阳泉市矿区平潭街街道平潭街东社区退休人员支部委员会	221	
	中共阳泉市矿区平潭街街道退休人员支委员会	1996	

资料来源：阳泉矿区区委组织部，2023年。

从单位制向社区制的转型，也包括企事业单位的政治资源如何在基层社会治理中发挥引领作用。在这方面，阳泉矿区各街道社区党建实践经验可以概括为如下几点。

一是加强党委的组织领导。企业党委要继续在离退休党员干部党建工作中发挥组织领导作用，保留原有的指导、考核、督查机制，并根据形势调整完善。企业离退休工作部门要与地方相关业务部门密切协同，合力加强离退休党员干部党组织建设。

二是加强企地党建业务融合。企业要与街道、社区建立日常协调机制，采取计划联订、党课联讲、党日联动、党室联用等多种形式丰富党建共建内容。积极推荐有威望、有热情、有能力的企业退休老同志进入社区党组织，将企业离退休党员干部党建优势融入地方区域化党建之中。

三是加强老党员优势作用发挥。企业要积极协助街道、社区建强老党员先锋队、社区志愿者队伍，用好离退休专家沙龙、老年科技工作者协会等企业原有的平台载体，助力做好经营管理、技术攻关、地方建设等工作。发挥企业老年大学的阵地作用和企业特色传统活动项目的辐射带动作用，助推社区文化繁荣，促进社区治理。

四是加强党建工作的制度建设。企业要做好党建规章制度、党员教育管理、党建信息化手段的输出工作，将企业的管理经验传递到街道、社区，助力提升社区党组织建设的制度化、规范化、信息化水平。

第二节　提升社区党员干部队伍治理能力

阳泉矿区街道社区大抓党员干部队伍治理能力提升，高度重视党员发展工作，注重党员的先进性和代表性，积极根据具体情况推动党员结构合理化，提升党的政治领导力。

阳泉矿区在抓党员干部队伍建设方面，积累了许多成熟的经验。结合矿区的实际，矿区党委、政府对全区党员领导干部能力作风建设提出明确的要求。①

第一，政治为本，党性至上。不管是党政部门"一把手"，还是社区、村"两委"主要领导干部，抑或是学校、区属国企负责人，都要讲政治。党员干部只有坚持对党绝对忠诚的政治品格，才能不折不扣把党和国家的路线、方针、政策执行下去，才能确保政令畅通、执行有力。一方面，作为领导干部，要系统掌握马克思主义基本理论和习近平新时代中国特色社会主义思想精髓，深刻掌握贯穿其中的马克思主义立场、观点、方法，做到学思用贯通、知信行统一，不断在获取新信息中提高政治判断力、政治领悟力和政治执行力。另一方面，每一位党员干部都要潜心学习，增强学习新知识、掌握新本领的自觉性和紧迫感，在新岗位上，在新形势下，掌握新知识、熟悉新领域、开拓新视野，全面提高高质量发展的工作能力和水平，努力让自己真正成为行家里手、内行领导。

第二，敢于拼搏，善于斗争。高质量发展需要实干拼搏去推动，要发扬敢拼敢抢、敢抓敢干的工作作风，毫不动摇地抓牢发展第一要务。一要惜时如金，抢抓机遇。凡是已经安排和确定了的事项，各个单位都要争分夺秒向前推，通过调度会、现场会等各种方式督促进度，确保每月都有新变化。作为肩负一方责任的干部，要设身处地为群众着想、为工作着想，主动抢抓机遇，把机遇变成规划、把规划变成项目、把项目转化成高质量发展的成果。二要对标对表，标准提高。要在战略上对标对表，认清发展大势和自身优势，自觉把矿区工作放在全国、全省、全市大局中去谋划，在推进上级各项决策部署落地见效中，办好矿区自己的事。要在行动上对标对表，不管在任何岗位、任何职位，都要高标准、高质量、高效率地推进各项工作，取得新成绩。要在成效上对标对表，继续在争的成效上见真章，

---

① 资料来源：课题组在矿区区委调研所得资料，2022年12月。

同时还要总结比较、典型示范、宣传推广,让好的经验、做法传承发扬。三要精研政策,借势而进。积极研究政策、争取政策,找准产业发展、重大项目、重点工程与上级政策的契合点,争取获得更多项目和资金支持;也要用好政策、用足政策,最大限度释放独立工矿区改造搬迁等政策红利,有力助推矿区经济高质量发展。

第三,以区为家,服务群众。一要面对面,真情互动。是否愿意积极面对群众,说到底是对人民群众的感情问题。要把矿区当成自己的家,把矿区的事情作为自己的事情、自己家的事情来办,尽己所能,问心无愧。区委、区政府继续带头精简会议、开有用的会,各级领导干部要带头执行,留出更多的时间到项目建设、招商营商、乡村振兴等一线,带头到一线倾听民意,带头到一线解决问题。二要心贴心,换位思考。领导干部要学会换位思考,自觉和群众同频共振。在营商环境打造、国有企业分离办社会职能改革、城市环境整治等方方面面的工作中,都要站在群众的角度上去思考,找准上级要求与群众愿望的契合点,激发群众参与热情。三要实打实,解决难题。近几年矿区攻坚克难完成了创建国家卫生城市、老旧小区改造、便民市场建设、足球场新建、公交线路开通、社区干部薪酬管理等一系列大事小事、急事难事,得到了群众的认可和支持。对于群众提出的诉求和意愿,要想方设法解决,要主动担当解决,坚决杜绝一件小事因为相互推诿扯皮而不解决。

第四,统筹兼顾,守住底线。"保一方稳定"是最基本的政治任务。一要想全想细想万一。基层党员干部要时刻保持"万无一失"的责任感和"一失万无"的危机感,每项工作自己首先要想全想细,提前做好闭环流程管理和风险防范预案,尽量确保"万无一失"。二要抓早抓小抓苗头。抓稳定要有小中见大的敏锐眼光,善于从各种征兆中发现苗头、从苗头中排除隐患;

要有抓早抓小的积极行动,发现征兆立即预防、发现苗头立即遏止、发现隐患立即排除;要有化险为夷的处置能力,通过复杂现象把握本质,抓住要害,找准原因,果断决策,有效处理。三要认真较真不天真。党员干部要明辨是非,实事求是地抓住问题、旗帜鲜明地表明态度,推动问题解决。干部就要有干部的样子,代表的不是自己,而是党和政府的形象,是群众的利益,该较真的时候必须较真,要堂堂正正维护公平正义,为弱者说话,替群众着想。

第五,以身作则,勤勉尽责。一要讲担当,做好示范。领导干部的一言一行、一举一动,无形中都是一种引领、一种示范。二要善作为,讲求方法。要发扬民主。有事好商量,众人的事情由众人商量,是人民民主的真谛。在基层工作,想问题、作决策、办事情,要充分吸纳群众和同事意见,这样才能调动积极性,凝聚向心力。要善于团结。任何一项工作都是集体努力的结果,要注重协作、分工负责、合力攻坚,确保矿区的每一项工作顺利推进。要强化督查。落实是根本,见效是关键。督查必须做到事事有回应、件件能落实。三要常思过,廉洁自律。领导干部,德才兼备,才能堪当重任。领导干部要常怀律己之心,要敬畏党纪国法,视党的政策为"生命线"、视党纪国法为"高压线"、视作风规定为"警戒线",做到奉公为民不滥权、科学民主不擅权、依纪依法不越权。

下面以2022年阳泉市"抓党建促基层治理能力提升专项行动"为例来透视一下矿区提升基层党员干部队伍治理能力方面的成效。

第一,坚持强化区级统筹作用。"一盘棋谋划",搭建"1337"队伍体系,即构建"一部三团三组七班",为专项行动有序推进提供坚强的组织保障。建立区级"一线指挥部",将全区46个局、委、办纳入指挥部,全面统筹协调专项行动的开展;组建顾问团、导师团、指导团3个团队,邀请北京联合大学杨积堂教授、先进村（社区）"两委"主干、村（社区）老支书、老模范、老典型等共20人加入"三团"，为专项行动充实外援力量；成立3个督导组，由区3个副县级以上职务的领导带队，深入各村（社区）进行督导检查；组建7个专班，从政法、民政、农业农村、住建等部门抽调骨干力量，分别纳入综合协调组、城市治理组、乡村治理组、组织工作组、"雁阵"孵化培育组、考核评价组、宣传报道组，协调推进专项行动。同时，在各街道成立"前线指挥所"，党工委书记既当"指挥员"，又当"施工队队长"，完善工作运行机制，链接辖区多方资源，推动专项行动落实。

第二，坚持织密村（社区）治理网格。为进一步推进网格精细化管理，在312个社区网格基础上建立2441个微网格，将18个农村网格细化为152个微网格，吸收在职党员、"五老"人员、楼栋长、群众志愿者等人担任微网格长（员），开展网格精准服务，在全区构筑起"横向到边、纵向到底、条块结合"的社会治理体系，下发了《矿区全科网格员选聘工作方案》《矿区全科网格员考核办法》，加强网格员日常管理，搭建起专兼结合的网格组织体系，社区网格员全部落实"三岗十一级"报酬待遇和"五险"。

第三，坚持抓实抓细关键少数。专项行动开展以来，21名区级领导开展48次专题调研走访工作；市、区直属单位累计开展专题包联工作57次；60个区直属单位派出1/3以上党员干部下沉村（社区），协助开展疫情防控工作，累计到岗报到5162人次。强化考核力度，通报批评或约谈提醒工作不作为、成效不明显的基层党组织书记，倒逼专项行动各项任务落地见效。

阳泉矿区的实践表明，社区重构，提升基层党员干部队伍治理能力，关键在于以下两点。

其一，组织建党为核心，提升党的政治领导力，必须建设一支完善的党员干部队伍。进一步讲，优化党的政治领导力，首先要求党员干部具有广泛的代表性，要求党员质量和党员数量优化改善，要求党组织适时更新。着力改善党员干部结构，并不一味地强调"党员年轻化""党员高学历化"等要求。实际上，优化党员结构是一个实践的问题，也只能是一个实践的问题。也就是说，如何更新党组织、如何改善党组织成员结构，要回答这一问题就必须基于实践，必须结合区域、对象和主要事务而对具体问题进行具体分析。例如，对于青年人集中的新兴社区和高科技企业，应当着重完善以青年人为主的党组织，注重发挥青年党员对于青年话语、青年生活的熟悉性对提升党组织政治领导力的作用；对于某些经济落后地区，可以适当调整党组织成员结构，例如，采取向个别村、社区的基层党组织派出有能力、知识和资源的第一书记的方式以提升党组织政治胜任力，在合理调整党员结构的基础上推动地方经济发展；在一些老年人较多、传统影响较强的乡村地区，应当高度重视老年党员的作用，积极发挥老年党员在本村本地具有丰富的地方性知识和深厚的社会资本的优势，充分调动老年党员这一乡村治理的关键变量的积极性，让老年党员成为党组织的政治领导力提升的有力抓手。

其二，党员和党组织的数量、结构和规模是党硬实力的重要体现，只有打好硬实力的基础，党的政治领导力才能有建立和完善的源头。在社会转型时期，党员结构、规模变化面临着内、外两方面的风险挑战。内在风险方面，年轻党员增多既是党组织活力的体现，又为党组织关于优良组织作风和优秀组织思想文化传承的工作提出了新的要求；高学历党员增多有利于推动党内民主有序发展，但如何克服党组织成员精英化带来的负面影响也是一个值得关注的问题；流动党员数量增多是市场经济体制下的必然结果，而有效实现党员组织化管理、有效保障党员先进性是未来党员管理的重点和难点；非公有制党员增加有力扩大了党的执政基础,而与此同时巩固党的阶级基础成为必须处理好的政治要求。外在风险方面,如何处理好价值多元化和党的领导的关系、利益群体多元化和党治理能力提升的关系,是建立良性党员结构必须回答的问题。①

---

① 彭升、林猱:《党员结构变化带来的问题及对策》,《人民论坛》2012年第26期。

第五章　基于需求—回应机制的社区服务体系

社区服务机制关系到基层党组织是否能够及时有效地回应社区群众的诉求，它直接表现为基层党组织对群众需求的回应力。

从人类社会发展史来看，将一个国家的社区共同体凝聚起来的无非是这两个纽带——政治纽带和文化纽带。所谓政治纽带，乃是以国家、团体、个人的权利配置等抽象关系组成联合体，根据对权益配置的同意及约束形成内聚。所谓文化纽带，乃是以家庭、家族、宗族、村社共同体、种族、民族等具体关系组成联合体，根据共享的历史、血缘、地缘、语言等因素形成内聚。两者都以创造共享互赖关系促成社会连接，但由于文化纽带的扩展受到同质性和潜在性的限制，其整合优势在同质性社会中较明显。而政治纽带可以通过选择性竞争程序的设置，跨越社会类别协调分歧，因而它在异质社会的条件下，更具社会整合优势。①

基于政治权益联系与文化传统联系的社区共同体重塑，是社区治理的基础，因为这一方面可以化解社会矛盾，消减社会不稳定因素；另一方面，可以倒逼政府改革，提升政府回应力。

---

① 张静：《两种社会整合的纽带：中国变革的文化与政治之路》，《二十一世纪》2013 年 12 月号（总第一四〇期）。

因此，社会需求和政府回应构成了一个问题的两个方面：社会需求反映民众的诉求及其实现程度；政府回应体现政府应对社会诉求的能力。两者共同构成了社会的稳定性。一方面，民众的诉求及其变化通常造成系统紧张，带来一定的不稳定性；另一方面，政府积极回应，吸纳民众诉求，化解矛盾和冲突，增加系统的稳定性。基层治理经验证明，社会政治不稳定通常发生在政府体制僵硬迟钝、缺乏及时回应、民众诉求长期得不到满足的时期和地方。因此，基层政府旨在提高回应力的种种努力和改革，是解释社会政治稳定的重要变量。

下面对阳泉矿区基层社区服务机制的讨论，将围绕着政治与文化这两个连结公共领域的纽带展开，试图辨识政治纽带与文化纽带如何把个体民众与公共组织（政府）密切联结起来，并指出建构一种利益共享与价值共享的关系对社区共同体意识的培育所具有的制度与文化意义。

第一节 健全公共服务制度体系

改革开放后，以前完全依附于单位的"单位人"逐步向"社会人"转变，很多以前由单位承担的社会问题被推向了社会。企业员工不再从自己所占用的计划指标上获得固定不变的身份。"单位人"向"社会人"的转变意味着以前由单位承担的大量的社会事务，比如住房供给、计划生育、子女入学就业、家庭矛盾调解、医疗保险、离退休养老、丧葬抚恤等问题都被推向了社会。如果不能够妥善解决这些问题，一方面不能够为经济发展解决后顾之忧；另一方面也容易引发社会不稳定。再者，社会流动性增强是经济社会发展的表现，但社会的流动性和开放性增强，也必然对社会管理提出新的挑战。

特别是在社会利益多元化、资源分配多样化、民众需求差异化的情况下，党组织与基层社区必须建立一种利益共享与价值共享的牢固关系。政党组织、引领社会，不仅要有支部书记和积极分子的带头作用，而且还要使党的组织真正融入基层社会治理。党组织融入基层社会治理，其基本载体就是党组织功能的发挥和扩展。换言之，党组织通过建立各种机制和平台，为积极分子和其他党员、群众创造施展才能的空间，从而使党组织在基层社会治理事务中发挥组织、统合功能，达到党组织、引领社会的目标。对于居民的各种服务需求，无论大小，只要居民求助于党组织，党组织都不能漠然处之。即使有的居民没有主动求助党组织，党组织也要积极回应。这样，党组织才能有效发挥引领作用，才能真正融入基层社会治理。如此，党组织不仅要实现对党内的政治整合，而且要将组织功能延伸到社会中。

就阳泉矿区而言，社区治理也在不断发展演变，矛盾、问题随之而来，如征地拆迁安置、"三无"小区管理、老旧小区改造、村转社区治理等，都对基层治理提出更高要求。这是社区重构必须解决的问题。发挥党组织引领社会的作用，首先要求党组织与社区居民确立两个方面的利益与价值的关联：一是与个体民众建立紧密的现实政治权益联系；二是与社区居民建构一种基于深厚的历史文化传统及现实利益的共同体意识。这两方面的关联涉及政府（公共组织）的公共性、社会转型与社会变迁、公共领域的形成、社会组织的发展、公共性社会关系性质的变化及其利益基础和价值基础、社会成员体系的凝聚力等，这些方面乃是社区共同体公共精神形成的核心要件和结构性条件。

进一步讲，要使支部发挥引领基层社会的作用，除了赋予支部权力之外，还需要为支部服务和对接基层社会提供制度化通道，使支部引领基层社会拥有切实可行的载体和依托。在矿区各街道社区，党支部以下的服务组织体系分为两大部分，一是党内组织，二是党连接社会的组织。就前者而言，是"党支部书记—党支部委员会委员—党小组"的服务动员体系。各支部委员兼任党小组组长。就后者来说，党支部下辖居民小组长和楼栋长，形成"支部—居民小组长—楼栋长"的对接机制。这样，党支部既能够在党内进行动员，调动党员服务社会的积极性。同时，又能够将党组织与基层社会对接，将党组织的触角伸向基层社会。在这一服务制度体系中，支部书记发挥着带头人作用。支部书记的功能角色发挥状况直接影响着党组织融入基层社会治理的绩效。这样的服务制度体系为党组织融入基层社会治理提供了平台，使党引领基层社会功能的发挥有了切实可行的依托。

阳泉矿区社区重构的特殊性在于，它几乎完全是从之前的企业单位向社区化转型，各种利益关系错综复杂，企社分开后，地方必须提供的各种公共产品与公共服务如何能够跟上来，这是问题的核心。事实上，阳泉矿区曾经发生的个体上访和群体性抗争事件，大都是因底层大众长期不满公共服务不足、社会分配不公造成官民关系紧张而引起或蔓延开来的。因此，尽快补上公共服务短板，加强政府二次分配是政府这些年努力的方向。一方面，政府落实扶贫救困计划，推进民生事务的改革，在关系百姓日常生活的民政、治安、户籍、工商、税务等领域积极开展有效的便民服务。另一方面，政府投入大量经费用于乡村道路、医疗卫生站、公共电视网等公共设施的改造，并大力推进村容村貌整治、文化下乡、特色小镇建设等工程。构建服务型政府，让政府职能回归公共服务。例如，矿区编制了社区事务"两清单一流程"，对社区事务清单、社区负面清单和社区事务办事流程进行了规范，制作了低保办理、残疾证办理、临时救助、医疗救助、居民养老保险参保等十余项惠民事项办理流程图，促进社区服务规范化运行。如蔡洼街道南台社区制定完善了小微权力清单7大项42条，负面清单7方面36条；赛鱼街道虎尾沟社区为杜绝社区工作人员慵懒散漫、办事不公、吃拿卡要等现象发生，出台《18类不能说的话》《18类不能做的事》《社区工作人员奖惩办法》《社区廉政服务满意度登记册》等，进一步规范社区权力和服务。

社区的重构，公共服务既是基础也是核心。因为服务对应着需求，人民有什么样的需求，就决定着政府需要提供哪些公共服务。党的十九大报告明确提出要补齐民生短板，在幼有所育、学有所教、劳有所得、病有所医、老有所养、住有所居、弱有所扶上不断取得新进展，这七方面基本涵盖公共服务的主要领域。事实上，当前公共服务仍然存在不少问题：公共服务重量轻质、重建设轻使用，基本公共服务均等化水平有待提升，优质教育和医疗卫生服务存在缺口，环境保护面临巨大挑战，文体娱乐服务处于初级状态，信息安全受制于诸多不确定因素等。满足社区居民对公共服务的需求是维持社会和谐稳定、确保国家长治久安、实现人民安居乐业的重点工作。首先，抓好义务教育、基本社会保障、基本医疗卫生三大基础性公共服务，以建立核心公共服务体系。这一层次主要是解决人民的基本需要问题。其次，积极推进民生性公共服务建设，逐步建立基本公共服务体系。这一层次具体包括基本教育服务、社会保障、医疗卫生、环境保护、公共基础设施、就业、公共安全、住房保障等。最后，推进支持性公共服务，提升和完善公共服务质量。具体来说就是，不断扩展公共信息、生态环境、公共文化、科技服务、体育与休闲等公共服务的范围和领域。美好生活意味着公共服务领域形成从核心到基本再到支持的多层次、高水平、惠及全民的公共服务体系。

在矿区社区治理实践中，探索多种渠道增加中低收入群众要素收入，多渠道增加城乡居民财产性收入，规范收入分配秩序，规范财富积累机制；建立生育支持政策体系，降低生育、养育、教育成本，促进优质医疗资源扩容和区域均衡布局；等等。区委始终把民生工作作为重中之重，财政支出每年80%以上向民生领域倾斜，民生领域投入多年只增不减。利用连续8年获得国家独立工矿区改造搬迁政策支持的契机，实施了老旧小区改造、污水管网改造等33个项目，完成投资28.8亿元；完成4个社区养老站所建设，实现社区养老全覆盖；举全区之力推动创建创卫攻坚、创文攻坚，为全市成功创建国家卫生城市贡献"矿区力量"，连续三年实施城乡人居环境整治，矿区环境面貌发生了翻天覆地的变化。全面承接了8.8万户居民的物业管理和近5万名退休职工的社会化管理服务职能，全市任务最重。创新开展了门槛降低、范围扩大、标准提高的二次医疗救助，受惠群众较市级统筹救助政策翻了几倍。中小学教师绩效工资在现有总量基础上再增加15%，教师积极性进一步提高。社区工作者薪酬管理、专业培训、特殊荣誉津贴、带薪休假、取暖补贴、体检等制度落地落实，社区工作者工资福利增长20%以上，群众获得感、幸福感持续增强。

矿区的实践探索，统筹惠民工程，做好民生实事，在充分就业、多层次保障、环境改善、健康安全、福利待遇等多方面精准发力。三级书记抓民生、解民忧举措就是社区服务抓到了中心落到了实处，是社区公共服务体系高质高效的集中体现。下面我们将对三级书记抓民生做深入的考察和解析。

所谓三级书记抓民生，就是抓住"关键少数"，让党、政、群层层联动协作：（1）以上率下，主动作为。建立区级领导总牵头、三级书记协调、各级干部联动机制，完善三级书记听民声、察民意、解民忧常态化服务制度，真正做到民有所呼、我有所应，民有所求、我有所为。（2）全面收集，分级办理。坚持群众诉求自上而下、由下而上多元收集、多级建账、分级办理，做到收集不留死角、建账不打折扣、办理不走过场。（3）及时反馈，接受监督。坚持属地管理和"谁承办谁负责"的三级反馈和评议制度，主动晾晒民生答卷，自觉接受群众评议，真正做到让群众认可、让群众满意。

各级民生工作职责与任务：（1）区级机构和职能职责。成立由区委书记任组长的区级三级书记抓民生、解民忧工作组，全面负责全区本项工作的统筹规划和组织实施。设立工作小组办公室，办公室设在区委督查服务中心，统筹负责区级层面民生诉求的收集交办、督办回访、评议考核；负责全区各级各部门抓民生、解民忧工作的督查、考核和评议；负责区委书记日常工作调度会的组织协调。(2) 街道机构和职能职责。成立由街道党工委书记任组长的街道工作小组，具体负责街道书记抓民生、解民忧工作的统筹和组织实施。成立街道工作小组办公室，负责做好联系区领导每月下访具体安排和民生诉求收集分流工作；负责本级层面民生诉求的收集、交办、督办、回访和上报；负责本辖区抓民生工作的督查和考核；负责街道党工委书记日常工作调度会的组织协调。(3) 村（社区）机构和职能职责。成立村（社区）书记抓民生、解民忧工作小组，村（社区）有第一书记的，由第一书记总负责，工作人员由村（社区）"两委"干部、小组长和网格员组成，负责本村（社区）开展抓民生、解民忧工作的统筹和组织实施。成立工作小组办公室，具体负责本村（社区）民生诉求的收集、办理、回访和上报；负责村（社区）党组织书记日常工作调度会的组织协调。(4) 部门机构和职能职责。成立部门党组书记抓民生、解民忧工作小组，全面负责部门职责范围内民生诉求事项的办理、回访和上报，负责各级民生办转办事项的办理处置，定期上报本部门民生诉求事项的处置情况。

  工作流程：(1) 收集分类进一步拓宽渠道，加强对各类民生诉求的收集，做到民有所呼、我有所应。一是领导定期收集。区级领导每月到联系的街道、村（社区）下访接访，收集民生诉求，并由街道民生办建立台账。二是部门专项收集。三级民生工作小组落实专门办公室、区级各部门落实专人即时收集民生诉求。三是基层一线收集。设立书记信箱，由区委办统一管理，定期收集诉求事项。村（社区）干部、网格员发放民生服务卡，每周上门入户走访，随时收集、解决民生诉求。四是网络全时收集。在区政府门户网站设立开展三级书记抓民生、解民忧民生诉求收集专栏，充分利用"12345"政务服务热线、区长信箱、"随手拍"、区综治中心"一网一群"等渠道，广泛收集民生诉求。三级民生办和区级各部门收集民生诉求要如实登记民生服务卡，确保"一事一卡"。（2）交办转办。三级民生办和区级各部门要按照即收即分原则，及时梳理民生诉求，进行交办或转办。根据民生诉求性质、办理难易程度，分为即办件和一般件两类。即办件为本级本部门能立即办理或解决的诉求，一般件为本级本部门需要一段时间办理或解决的诉求。即办件和一般件按一般办理程序无法解决，经本级书记或部门"一把手"以及分管联系领导协调仍不能解决的，则转为上报件，并于1个工作日内上报上级民生办。三级民生办要及时明确即办件、一般件和下级上报件的牵头领导和承办单位，并在接件后2个工作日内完成交办工作。（3）处置办理。坚持"分类处置、限时办理"的原则，及时解决民生诉求。即办件原则上5个工作日内办结，一般件原则上20个工作日内办结，上报件原则上30个工作日内办结；因特殊原因在规定时限内无法办结的，承办单位应在规定时限内书面报告本级民生办；暂时无法办理的民生诉求，由承办单位做好宣传解释工作，取得群众理解，逐级"挂号"备案，待条件成熟时予以解决。各街道、各部门要将民生诉求的办理与本单位本部门的日常工作推进相结合，形成解决民生诉求的长效机制。（4）反馈上报。通过三种形式，及时反馈民生诉求办理情况。一是定向反馈。各级承办单位在民生诉求办结后的3个工作日内将办理结果采取电话告知、书面告知、上门答复等形式，及时反馈诉求群众。二是内部反馈。各级承办单位要在定向反馈后1个工作日内将诉求办理结果及定向反馈情况报本级民生办；村（社区）民生办于每月2日前将上月民生诉求收集办理情况汇总上报街道民生办，街道民生办和区级各部门于每月5日前将上月民生诉求收集办理情况汇总上报区民生办。三是面上反馈。三级民生办通过公示栏、LED显示屏等将民生诉求收集办理情况进行动态公开；区民生办通过区政府门户网站、报刊、公众号等定期通报全区开展三级书记抓民生、解民忧工作情况。（5）督办整改。坚持"谁建账谁督办"和"自上而下督办"原则，区领导负责对本人收集、协调民生诉求办理情况的跟踪督办，区民生办负责区级即办件、一般件和下级上报件的跟踪督办，街道民生办负责本级即办件、一般件、下级上报件以及村（社区）办件的跟踪督办。区民生办会同区纪委监委对全区各单位民生诉求办理情况开展定期抽查，对发现的问题督促整改。（6）考核评议。坚持开展办理情况评议活动，主动接受群众监督，争取群众理解和支持。一是回访复核。已办结的民生诉求，三级民生办采取电话、书面或上门的方式进行回访，对解决不到位、群众不满意的，责成承办单位重新办理，确保每一件诉求得到真正解决。二是群众评议。组织群众开展对牵头领导和承办单位抓民生、解民忧工作的满意度测评，收集群众意见和建议，提升为民服务水平，对测评结果进行公示，并纳入各单位民生工作目标绩效考核。

工作机制：（1）分级办理制度。按照自下而上、分级办理原则办理、解决民生诉求，三级民生办应严格把关，对于本级能够办理的，不得上报办理；对于本级无法办理的，经本级民生办主任审核后向上转办。区级各部门自行收集的民生诉求，各部门应严格把关，对于本部门能够办理的，不得上报办理；对于本部门无法办理的，经本部门"一把手"审核后上报区民生办。（2）三级协调制度。群众反映的民生诉求由村（社区）按一般办理程序无法解决的，由村（社区）党组织书记当日召开协调会协调解决；街道按一般办理程序无法解决的，由街道党工委书记每周召开协调会协调解决；街道和区级各部门无法解决的，及时报区级分管联系领导协调解决，仍无法解决的，由区委副书记每月召开协调会协调解决；关系长远、影响重大的热点难点问题由区委书记每季度召开协调会协调解决。(3) 首问负责制度。三级民生办和区级各部门为受理收集民生诉求的首问责任单位，三级民生办要负责做好民生诉求的交办、转办和回访等工作，区级各部门要负责做好民生诉求的办理和反馈，确保民生诉求件件有落实、事事有回音。(4) 台账管理制度。区民生办要建立民生诉求收集办理台账。三级民生办和区级各部门对本级收集办理和下级转办的民生诉求要建立专门台账，明确牵头领导、承办单位、诉求类别、办结时限等，规范诉求管理，明晰工作责任，提高工作实效，保证办理质量。各级各部门要将办理过程完整反映至工作台账，做好档案记录。(5) 督查问责制度。区民生办会同区纪委监委对全区开展三级书记抓民生、解民忧工作情况，特别是对民生诉求收集、协调、办理、反馈等情况开展定期督查并通报，根据督查及通报情况，由纪检监察部门对工作开展不力，走形式，走过场，对民生诉求久拖不办、敷衍塞责的单位和个人，坚决实施问责处理。

工作要求：(1) 提高认识，迅速行动。区、街道、村（社区）要按照工作要求，迅速启动三级书记抓民生、解民忧工作。区级各部门要建立工作机制，指定专人，迅速开展民生诉求收集办理工作。(2) 创新方式，畅通渠道。各级各部门要创新群众诉求收集载体，通过新时代文明实践结对、困难群众结对认亲、特困群众慰问等各类活动，畅通群众诉求收集渠道，架起党群干群"连心桥"。(3) 加强宣传，营造氛围。各级各部门要通过报刊、网络、公众号等多种形式，全方位、多角度广泛宣传区委、区政府为民价值取向，切实反映三级书记抓民生、解民忧工作的进展和成效，在全区营造关注民生、服务民生、改善民生、促进和谐的浓厚氛围。①

---

① 资料来源：课题组在中共阳泉市矿区委员会办公室调研所得资料，2021年11月。

健全社区公共服务体系是一项民心工程，阳泉矿区的三级书记抓民生、解民忧举措就是为了高质量做好城乡居民医疗保险、养老保险、就业创业等相关惠民工作，为了使基本惠民政策飞入寻常百姓家，让人人了解国家政策、拥护国家政策，让惠民利民政策落实见效。也就是说，在新型社区治理实践中，阳泉矿区把"民生工程"打造成了"民心工程"，牢固树立务求实效的目标导向，用心用情推动"民心工程"行动计划高质量落地落实，让广大社区居民的获得感、幸福感、安全感更加充实、更有保障、更可持续。当然，把一项好的施政举措落实在制度上、政策上、行政程序上，并非朝夕之功，还需要党、政、群各方再接再厉。

阳泉矿区的实践表明，从治理主体、治理责任、治理主体间权力的依赖、治理网络的自主和治理工具的现代性等方面构建一种基于需求—回应的服务机制，具备从单位制向社区制转型的基础性建构意义。面对不断增长和变化的社会诉求，让政府行动起来，让社会运转起来，是中国社会稳定的重要原因。因此，政府积极作为，社会协同治理，对当今中国社区的发展和转型具有广泛的、现实的、深远的政策启示意义。

第二节　社会参与组织化

现代社区的核心理念是自治和参与。因为社区治理就是基于认同感和归属感的社区自治和社区参与，其基础背景是社区结构异质化和多元化。与传统的单位社区比较，在工业化、城市化进程中，现代社区成员的社会关系不断扩展，民众的诉求也在不断变化，那种具有某种同质性的人口，具有共同生活习惯和价值取向，基于血缘、地缘、村落的社区，已经融入了许多异质性和多元性的现代元素。在这样一个不断变化的社区结构下，矿区基层治理高度重视基层社会组织的建设与发展，并希冀以此来激发基层社会（社区）的活力。

一 培育社区志愿者组织

从实地调研来看,矿区的街道与社区广泛成立了志愿者服务组织(详见表5—1)。

表5—1　　　　部分街道和社区的志愿者服务组织

街道名称	社区名称	志愿者服务组织名称	主要功能
桥头街道	段南沟社区	暖雁志愿服务队	关怀帮助特殊人群
		银雁志愿服务队	辖区巡逻
		威雁志愿服务队	提供法律援助
		洁雁志愿服务队	保护环境
		俏雁志愿服务队	文艺宣传
		雏雁志愿服务队	帮扶留守儿童
		归雁志愿服务队	教育引导特殊人员(有前科、吸毒史等)
贵石沟街道	小河滩社区	银丝志愿队	关爱老人
		阳光志愿队	帮扶关爱
		心连心志愿队	文艺宣传
		红袖标志愿队	宣传排查
		青少年突击队	应急管理
蔡洼街道	蔡东社区	平安联动志愿队	安全隐患排查,治安巡逻
		先锋志愿服务队	开展帮扶活动,进行政策宣传
		星火志愿服务队	提供居家服务
		康乃馨志愿者服务队	帮扶老人
		芳华舞蹈队	参加社区文化活动演出
		和事佬志愿服务队	调解矛盾纠纷
		红喇叭志愿服务队	宣传党的方针政策
		乐邻志愿服务队	对有需求的老年人和居民提供上门服务
		文化传承志愿服务队	剪纸、刺绣、书法教学与宣传
		夕阳红合唱志愿服务队	组织文娱活动

在社区志愿者中，党员占比达70%—80%。此外，各街道社区的志愿者组织都是由党员担任负责人，这些志愿者组织，致力于服务群众，为群众解决日常生活中的小事和难题。另外，社区的志愿者组织也为基层党员干部参与社会治理提供了平台。近年来，社区充分发挥社区志愿者组织引领带动作用，把志愿服务深度融入社会治理。社区党委通过志愿服务品牌化培育、项目化运作、制度化拓展，在坚持推进常规志愿服务活动的基础上，大力孵化志愿服务队伍，丰富志愿服务项目库，以志愿服务团队为依托，实现居民需求与志愿服务资源的精准对接，使党建引领下的社区治理与志愿服务相结合。总之，党员志愿者为基层群众解决各种日常生活中的事务，让群众感受到党员的先进性和模范带头作用，体会到党组织的重要性。这样，党组织与群众的日常生活勾连起来，使党组织真正融入基层社会治理当中。

二 发展社会组织

一是积极支持、引导社会组织参与社区治理。探索推行"三社联动"基层社会治理机制，逐步引导和规范社会组织承接政府服务职能，开展公益服务，参与社区治理。充分利用区、街道党群服务中心和空闲场所等资源，为社区社会组织搭建良好平台，最大限度发挥社会组织参与社区治理的效能，同时加强网格内事务监管，实行志愿服务和社会组织准入机制。

二是大力促进志愿服务发展。例如，推广桥头街道段南沟社区"一首两翼"工作法，以社区党组织为首，以居委会、便民服务中心为两翼，统一协调辖区内驻地企业、医院、学校等单位，广泛发动社区居民、专业人士等组建社区志愿者队伍，形成共同参与、资源共享、条块结合、共驻共建的社区建设新格局。

三是创新社区服务项目。坚持以项目建设为载体，创新社区服务项目，根据订单征集到的群众需求，着力解决管理短板、服务缺位的问题。实行项目与网格对接、项目与社会组织对接、项目与志愿者队伍对接、项目与服务管理对象对接,开展专业化、精准化服务管理。

三 非公党建参与社区治理

改革开放以来,非公经济(民营企业)由小变大、由弱变强,成为推动经济快速发展的重要力量,在基层社会治理中发挥着不可替代的作用。

近年来,阳泉矿区各街道社区坚持以多元治理为基本方向,积极探索党建引领非公企业参与社区治理的工作路径,逐步形成街区党建工作模式,构建以党建聚合街区各类党组织共同参与社区治理的有效平台,形成党建引领下的社会共治联盟,最大限度激发非公企业社会责任,培养社区群众和非公企业参与公共事务的意识。

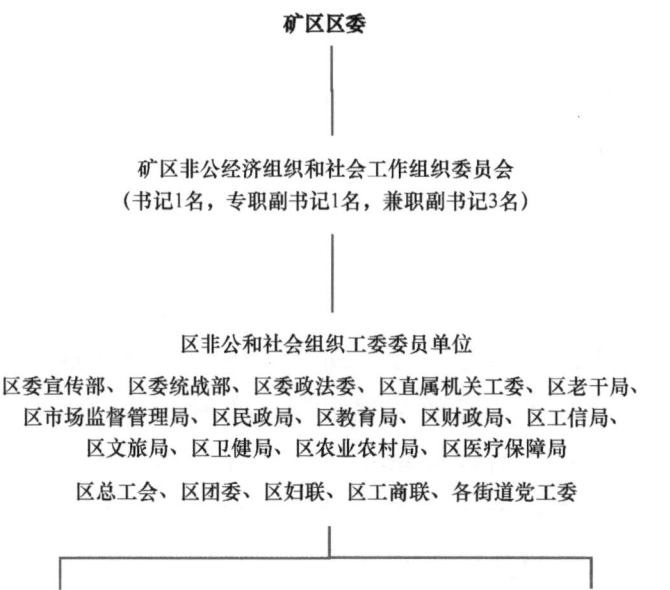

```
                          矿区区委
                             │
              矿区非公经济组织和社会工作组织委员会
              (书记1名,专职副书记1名,兼职副书记3名)
                             │
                  区非公和社会组织工委委员单位
        区委宣传部、区委统战部、区委政法委、区直属机关工委、区老干局、
        区市场监督管理局、区民政局、区教育局、区财政局、区工信局、
        区文旅局、区卫健局、区农业农村局、区医疗保障局
        区总工会、区团委、区妇联、区工商联、各街道党工委
            ┌────────────────────────────┐
      非公企业党委                    社会组织党委
      (96个党支部)                    (26个党支部)
```

图 5—1　矿区非公党建组织框架

非公经济党组织参与基层社会治理意义重大。作为党在非公经济领域的基层组织，非公经济党组织是非公经济领域构建稳定有序、充满活力的社会治理网络的关键主体，应当在基层社会治理中发挥积极作用。

一是能够更充分地坚持党的领导。非公经济作为我国经济体制的重要组成，非公经济党组织对社会治理的参与，能够进一步增强党组织的影响力与凝聚力，尤其是扩大非公经济党员作用发挥的渠道和途径，从而进一步推动党对非公经济组织的领导。

二是有效维护社会稳定。非公经济党组织作为社会治理要素的第三方参与者，能够成为政府、群众之外的最有效润滑剂，更好地协助政府和上级党组织执行、落实各项社会治理政策，有效维护社会稳定，有力推动社会转型。

三是非公经济党组织是国家、企业、社会的联通者，通过对党和国家政策的贯彻落实、组织党员和员工在岗位发挥作用，敦促、引领企业转型升级。同时，非公经济党组织依靠自身优良条件，成为社会主义核心价值观的践行者和推动者，引导社会实现有序转型。

阳泉矿区非公企业参与基层社会治理的主要途径和方法：（1）参与社区公共服务。一方面，街道党工委搭建平台，引导区内非公企业回馈社会、反哺社区；另一方面，非公企业主动承担社会责任，在志愿服务、助学帮困、人员就业、社区活动等各方面反哺社区，实现与党组织、政府、社会组织和社区居民等其他基层社会治理体系主体的良性互动。在参与社区公共服务过程中，非公企业骨干力量发挥示范带头作用。例如，商会等市场组织参与社区管理和服务，并带动了相当一批民营企业投身社区服务之中。（2）参与社区公共管理。一方面，以非公企业成立或加入党组织、民营企业家加入街道社区党委或居民区党组织为形式；另一方面，非公企业本身就是社区公共管理的主体之一。例如，非公企业积极参与社区政治生活，在社区治理中进一步发挥作用；小商品市场中的商户落实门前责任制，包干包块，自我管理，责任自担，等等。（3）参与社区公共安全。第一，化解社会矛盾、维护社会稳定。例如，非公企业成立调解委员会，将大量易激化的矛盾纠纷解决在基层、解决在萌芽状态、解决在激化之前。商会动员众多非公经济人士成立区社会帮教志愿者协会，对社区刑事犯罪释放人员回归社会正常生活提供帮教和服务。第二，维护社区安全预防重大或突发事件发生。例如，非公企业党总支利用党建工作平台，组建平安志愿者服务队；商会非公企业主动参与社区网格化服务，等等。（4）参与社区精神文明建设。例如，社区内非公企业参与创建文明单位；小商品市场开展"创平安市场、创诚信文明经营户（示范店）"为主题的"双创"活动；非公企业积极支持社区开展文明健康的娱乐活动，等等。

第三节　民意吸纳制度化

与传统社区比较，现代社区的社会身份多元、社会成员关系复杂，公共需求多元，意见多元，因此，如何有效聚合民意，乃是基层党建的重要议题之一。或者说，构建基层党建密切联系群众机制，建立和完善吸纳民意机制，把对接民意贯穿于基层党组织的日常工作之中，乃是重塑基层社区的基本议程之一。

重构社区治理体系，其中基层党组织吸纳民意不仅是基层民主政治的内在要求，而且还是提高政策认同度，实现政策的科学化、民主化、合法化的必要条件。但由于民意自身具有某种模糊性、多变性、冲突性乃至非理性成分，再加上现代社会事务日益复杂和专业化，使单纯吸纳民意的公共政策也并非一定就是良策，公共治理不能以民意为唯一标准。所以，这里的问题是：从价值上而言，吸纳民意是公共治理的合法性来源；

而从事实来看，民意自身又存在诸多弊端，公共治理不能完全以民意为旨归。因而，探讨基层党组织的吸纳民意机制，亦即如何处理好民意吸纳的价值与事实问题，就不仅是一个理论问题，更是一个实践问题。

下面我们以矿区贵石沟街道水滩社区为例，从其民意吸纳机制——民意的搜集、判断以及说服/解释（这大致构成了民意吸纳工作的一个完整过程），来考察和分析阳泉矿区的社区民意吸纳机制是如何有效运作的，同时指出其还需要进一步完善的地方。

水滩社区隶属矿区贵石沟街道，距离矿区14公里，处于平定冠山镇和冶西镇的城乡接合部，是典型的工矿区城市社区。成立于2000年7月，社区面积1.3平方千米，现有居民2435户、7728人。其中，在册党员73名，在职党员348名，离退休党员162名。社区按照"两委"一中心的组织构架运行，党支部委员会由9人组成（其中兼职委员5名），社区支部书记、主任"一肩挑"，副书记1名、副主任1名，专职网格员6名。社区成立议事协商委员会、监督委员会，配备纪检监察联络员1名，有7支志愿者队伍、7个协会组织。

2022年以来，街道社区立足问题导向提升治理能力，推动"民生议事"步入制度化、规范化、程序化轨道，形成了红枫"365民生议事"工作法。

"3"即三个遵循原则：一是议事不搞"一言堂"，遵循集体决策原则。二是议事不搞"一把抓"，遵循一事一议原则。三是议事不搞"一阵风"，遵循久久为功原则。

"6"即规范议事六步法：一是围绕"议什么"，支委会"提议题"。建立红枫民情监测站、暖心聊吧、凉亭议事等居民意见征集机制，规范社区事务、公共服务、民生短板、社区融合、社情民意5类议题收集，在广泛听取意见及调查论证的基础上，支委会集体讨论，提出初步意见和方案，形成精准反映居民急难愁盼的议题。二是围绕"咋商议",成员"出主意"。议题确定后,社区党支部委员会、居民委员会、议事委员会"三委"成员,就党支部委员会提出的初步意见进行商议,密切联系民生诉求"出主意",以线上线下结合、场内场外互动方式"定靶向、商民事"。三是围绕"谁审议",党员代表"严把关"。"三委"商议后,党员代表针对议题事项的可行性进行严格审议,实现民情快速联动响应,力求议题内容高质量、实事办理高质量。四是围绕"谁决议",居民代表"拍板定"。居民代表围绕民生诉求,对审议结果进行一事一决议,党群携手解决居民关注的急难愁盼问题,最终实现居民事、居民议、居民定的有序、公开、透明的协商自治模式,实现社区治理能力有效提升。五是围绕"怎么办",群众监督"抓落实"。在议题执行环节,按照职责范围和复杂程度分类处置。属于社区职责范围内的,交由社区党组织、社区居委会等相应社区组织完成。完成结果张榜公示接受群众监督,确保党群同心推进民主议事落到实处。六是围绕"怎么评",居民表决"促成效"。建立跟踪问效机制,议题实施结束后,组织开展实事评议大课堂,召集提议人员、议事代表和利益相关方召开座谈会,发放满意度测评表,摸清实施效果,不断总结经验,促进社区治理能力提升,推动议事平台行稳致远。

"5"即"五协同求共治":一是平台联建,解决"在哪儿议"的问题。将社区百姓讲理厅普法服务平台、红枫合作社企地共建平台、红枫"凉亭议事"议事平台与贵石沟街道党代表工作室、"有事来商量"议事平台相结合,平台联建、资源共享、事情同办。二是多维联系,解决"议什么"的问题。健全完善"街道党工委—社区大党委—网格党支部—楼栋党小组—党员中心户"五级架构组织链条,在现有的6个网格内分别设立了网格党支部以及49个楼栋党小组,并选拔党员中心户49个。每个网格党支部嵌入一个议事小组、一个居民自治小组,通过"凉亭议事"等举措征集议题。三是人员联合,解决"与谁议"的问题。议事工作具体由水滩社区桑榆智囊团、驻地企业12家单位主要负责人、物业及民生相关部门负责,实现人员联合、人力资源共享。四是研议联动,解决"怎么议"的问题。探索"网络+"模式,组建"收集民意""议题形成""解决问题"三个朋友圈,搭建"社区联楼长""楼长联单元长""单元长联群众""群众联社区""社区联职能部门"的闭环桥梁,串起民情流转、协同议事和落实反馈三个阶段,实现线上线下、圈内圈外相结合,最终让各类主体充分发表意见和建议,形成议事意见。五是监评联手,解决"议的成效"的问题。将议事会成员、居民成员代表纳入议事机制,开展民主监督、实时评议,通过"监督+评议+服务"的模式,加强跟踪督办工作,推动"议事在社区"成果转化,促进问题得到跟班解决。①

亦如前述,基层社区的民意吸纳机制必须处理好两个基本问题:一是体现民意的至上价值;二是在尊重民意的同时,有效避免民意的弊端对社区治理产生的不良影响。从阳泉矿区社区治理实践中,可以概括出如下几点。

第一,以建立和完善民意收集机制为基础。通过大量收集来自基层社区、反映普通民众真实意愿的民意,能够在基层党建工作中促进民意的了解和吸纳。这样收集来的民意经过提炼、加工,能够最大限度地体现社区群众的真实意愿,也能为基层党建各项决策提供参考。民意从来都不是单一存在的,而是通过广大人民群众中无数单一的具体事件发展而来的,是基于现实问题的具体存在。例如,食品安全、看病就医、基本收入、就业和公平教育等,这些关系广大人民群众切身利益的问题,是最能体现人民群众意愿和最具代表性的民意。因此,要多走

---

① 资料来源:课题组在阳泉矿区贵石沟街道水滩社区调研所得资料,2022年5月。

进入民群众中，通过增加渠道、发动多方力量、借鉴有效经验等方式去收集民意。从贵石沟街道社区的民意吸纳情况看，建立和完善基层党建民意收集机制，首先，要注重扩充民意收集渠道，除了发放调查问卷、面对面访谈等传统渠道外，还可以利用自媒体、大数据等现代化的信息技术，如通过QQ、微博、微信等方式收集民意。其次，要充分发动多方力量参与，以党的领导力、凝聚力、号召力，调动各民主党派、党外人士及广大人民群众的积极性和主动性，让他们充分表达自身利益诉求，汇聚成最可靠的民意。最后，要善于借鉴有益经验，如采取行之有效的重大决策听证制度、网络舆情收集和监管制度等，不断完善民意收集机制。如此，才能收集到具有广泛性和代表性的民意，这为更好地完善基层党建工作提供了前提条件。

第二，以建立和完善民意甄别机制为关键。完善的民意甄别机制，是对收集到的数量繁多而又杂乱的民意进行统一整理和筛选的关键，更是有效吸纳民意的关键。反过来讲，只有通过完善的民意甄别机制，才能在收集到的大量繁杂民意中甄别出真实有用的民意。具体来说，就是把收集到的民意进行整理、筛选、甄别，寻找到真实的、符合人民群众现实诉求的民意。其中的难点是，如何去除那些虚假的、伪装的、附加的、片面的民意。这就需要做到两点：一方面，要借助特定的、专业的甄别手段和实施程序，确保甄别机制的完整性、系统性、科学性、标准性和有效性。另一方面，要确保提高相关人员的执行能力，加大执行力度。这就要坚持以人民为中心的基本原则，完全依据客观标准、公平严肃地开展民意甄别工作，这不仅有利于有效吸纳民意和解决问题，而且有利于避免产生不必要的分歧。总之，既要保证民意甄别机制的完整性，又要充分发挥民意甄别机制的作用，确保能够从收集到的众多民意中甄别出真实有用的民意。

第三，以建立和完善民意整合机制为重点。系统和规范的民意整合机制,是高效整合和提炼民意的重要条件,是对甄别出的有用民意做进一步的梳理和提炼。因此,需要做到如下几点:一要规范和明确相关的整合流程和整合措施,确保民意整合工作的系统性、规范性。二要通过设置专业决策组、专家咨询组、专项工作组以及基层群众互动参与组,对甄别出的民意进行专业研讨和多层次整合提炼。三要完善相应的运行机制,通过协调基层党组织各部门及相关人员之间的关系,确保他们明确各自的职责范围,推动整合机制有效运行。四要协调和平衡好不同社会群体及不同民众之间的利益关系,通过有效途径促进各地区、各部门、各领域协调发展,推动整合机制流畅运行、发挥效力。

第四,以建立和完善民意评估机制为保障。民意评估机制,主要是指在针对整合出的核心民意制定相关决策前,对决策的实施价值和实施效果进行评价和估量。一方面,在制定解决民意问题的决策和具体实施计划时,可以参考实施价值和实施效果的评估结果。通过评估参考,不仅有利于提高决策和实施计划的有效性,而且有利于减少实施过程中出现的目标偏差问题。另一方面,在具体实施决策时,可以根据评估结果,在充分尊重民意的情况下,结合问题的轻重缓急和难易程度来安排决策实施的先后顺序,这样就可以提升基层党建工作效率,缓解基层党建工作压力,也能及时化解人民群众遇到的生产生活难题。概括地讲,在基层党建民意评估机制建立和完善过程中,既要注重机制的完整性,又要保证相关人员的专业性,力求评估结果的专业性和客观性。同时,建立和完善民意评估机制,是解决民意问题的根本,是有效吸纳民意、完善基层党建工作不可或缺的一步。

总而言之,建立和完善吸纳民意机制,要通过逐渐完善民意收集、甄别、整合和评估机制,为吸纳民意提供有效途径和机制保障,通过吸纳民意逐渐完善基层党建工作。毛泽东同志和邓小平同志对此都有过相关的论述。毛泽东同志在《在晋绥干部会议上的讲话》中就曾指出，对于群众的正确意见，党要善于领导，根据实际情况努力加以实现，而对于群众中的"不正确的意见"，则应"教育群众，加以改正"。[①] 邓小平同志也认为，党要善于集中和接受群众的意见，对于部分合理的群众意见，"合理的部分就做，办不到的要解释"，而不合理的部分，就"要去做工作，进行说服"，[②] 并"给以适当解释"[③]。如此，民意吸纳机制就能够较好地解决民意吸纳的价值与事实问题，以应对公共治理中的不吸纳或者部分吸纳民意的情形。同时，促进基层党建与民意良性互动，通过基层党建工作的不断完善，增强人民群众对基层党建工作的认可和支持，把对接民意贯穿于基层党组织的日常工作之中。

第四节 "三治融合"社区建设

在城市，单位制被打破后，社会个体的跨单位、跨城乡、跨地域的流动不断增多，社会从原来与单位对接、互嵌的组织状态向离散、流动的状态转变。与此同时，随着社会分工的发展和社会利益的多元化，各行各业的行业协会、区域商会及其他各类社会组织相继出现，涉及政治、经济、文化等各个领域，力量不断壮大，影响力日益凸显。此外，现代信息技术的发展也加剧了社会系统的复杂性和不确定性，深刻影响着社会和政府的运行方式以及人们的思想观念与社会交往方式。

另外，在新的时代背景下，各种新经济组织、新社会组织中党的基层组织"离散化"与"悬浮化"现象凸显，社会呈现

---

① 《毛泽东选集》（第四卷）人民出版社1991年版，第1310页。
② 邓小平：《共产党要接受监督》，《党建》1989年第Z1期。
③ 《邓小平文选》（第二卷），人民出版社1994年版，第145页。

出日益碎片化的状态，这不利于新时代政治秩序的建构与社会的和谐稳定。面对社会结构的深刻转型，党需要遵循现代社会发展的逻辑和现代化建设的内在需求，在与外部环境的复杂互动中做出深层次的结构性调整，构建一种与新型社会形态相契合的社会治理新格局。

党的十九大强调，要完善党委领导、政府负责、社会协同、公众参与、法治保障的社会治理体制，提高社会治理社会化、法治化、智能化、专业化水平；加强农村基层基础工作，健全自治、法治、德治相结合的乡村治理体系。自治、法治、德治的"三治融合"，有利于积聚力量、凝聚人心，营造共建共治共享局面，最大限度激发基层发展活力。

从全国的情况看，"三治融合"是提升社会治理的关键，这集中在以下两个治理领域的工作上。

第一，健全基层社会治理体制机制。党的基层组织扎根基层、服务基层，具有参与社会治理的天然优势。充分发挥党的基层组织的凝聚力和战斗力，通过"党建引领＋平台＋全科网格＋社会组织"，可以实现基层社会治理的大合力、大集成。一是下沉大平台。强化镇街党委决策领导能力和统筹协调能力，坚持基层社会治理和公共服务"两手抓"，统筹推进基层市场监管、综合执法、便民服务等社会治理平台一体化建设，与"放管服""最多跑一次"改革有机结合，形成边界清晰、分工合理、权责一致、便民高效的组织体系。二是织密小网格。农村以片组为基本单元划分网格，设立党群中心户，城市社区以居民小区、楼幢等为基本单元划分网格，组织公职人员进社区认领楼道长；在工业园区、商贸楼宇、机关政府等单独建立专属网格，实现人员在格内联动、问题在格内处置、服务在格内开展。三是激活微自治。推行修订村规民约和"一约两会三团"工作模式，在村（社区）打造"睦邻客厅"，因地制宜设立弄堂自治、乡贤自治、矮墙自治、控烟自治、家宴自治等微自治点，开展微自治活动，打通社会治理神经元壁垒。

第二，统筹基层社会治理多方资源。全面落实乡村振兴战略20字总要求，开展党建星、富裕星、美丽星、和谐星、文明星等五星达标和A级景区村庄创建，将党的政治优势、组织优势和群众工作优势转化为治理优势。一是坚持系统思维。以乡村产业振兴、乡村人才振兴、乡村文化振兴、乡村生态振兴、乡村组织振兴为方向指引，统筹考虑党建、富裕、美丽、和谐、文明条线整合、深度融合，将各类涉农资源化零为整，让功能叠加，强化县级部门、村社结对共建，集中力量办大事。二是坚持项目为纲。区域抓点成线、串珠成链，让变化体现在支部在党员、在物质在精神、在环境在人文，推动乡村盆景变风景成生态，让群众看到最直观的变化，重塑乡村吸引力。三是坚持全员行动。以党建带群团共建，再造群团工作活力，党员群众自己动手、开动脑筋，结合村庄特色资源，建设新农村。

阳泉市矿区属于典型的工矿型城市区，辖6个街道办事处、44个社区、12个行政村。区域转型任务重，人员成分复杂，特殊人群多，社会矛盾突出，社会管理任务艰巨。为扎实开展城乡社区治理创新工作、提升社区治理能力，矿区立足自身实际，结合经济社会转型期和调整期特点，积极探索新形势下基层社区治理的新路径和新模式，努力构建并不断完善共建共治共享的社会治理制度，实现政府治理同社会调节、居民自治良性互动，建设人人有责、人人尽责、人人享有的社会治理共同体。

近些年来，矿区各街道社区在社区建设方面，主要进行了以下两个方面的工作。

一是抓体系建设，提升治理水平。紧紧围绕"党建引领，三治融合"社区治理新体系建设这一目标，矿区进一步修订完善了社区权力清单、运行流程、行为规范及配套制度，总结、提炼、推广先进社区治理经验。

（1）多方实践探索，深化体系建设。一是加强党对社区治理工作的全面领导。区委定期研究基层党建工作，担负起主体责任。各街道党工委进一步加强试点社区的党组织建设，建立了社区各类组织向社区党组织汇报工作制度和党支部的社区议事决策制度。二是试点先行，确定试点社区并要求社区按照社区治理试点规范，结合各自实际，全面梳理社区事务事项，形成社区权力清单。三是根据社区权力清单，编制各社区权力运行流程，细化落实每项社区事务工作的具体要求。四是不断完善基层群众性自治组织，扩展社区居民参与社区公共事务平台，构建多层次居民协商格局。五是创新形式、丰富载体，不断提高居民的法律意识，深入开展"百家争鸣"工程，大力培育发展各类平安服务类社会组织，推进社区法治建设。六是通过开展文明单位、文明家庭、"好婆媳"、身边好人、健康家庭等道德榜样选树活动、社区居民积分管理活动，加强社区德治建设。

（2）加强民主协商，激发自治活力。矿区结合自身实际，制定《矿区关于加强全区社区协商的实施方案》，明确了协商内容和协商主体，以及培育协商组织、拓展协商形式、规范协商程序、运用协商成果的具体方案；指导社区组建民主协商理事会，引导居民在宪法和法律法规许可的范围内开展协商，进一步强化了社区党组织的领导核心地位，激发了基层群众自主参与社区事务的意识，提升了基层社会治理水平。以平潭街街道东山社区为例，社区开展重大事项执行"四议两公开"制度，公开流程和结果，对一般事项社区"两委"集体讨论通过并将结果公开，涉及计生奖扶、低保、廉租房等民生事务，组织召开专门的评议会，并将结果公开公示。

二是抓模式创新，打造共治格局。2018年11月，阳泉市矿区被山西省民政厅确定为首批"省级社区治理和服务创新实验区"。创建活动开展以来，矿区从自身实际出发，确定"网格化管理 订单式服务"创建方案，使社区服务由以供定需向以需定供转变，不断提高社区治理的精细化水平和社区服务的精准化水平。2021年12月，阳泉矿区创建工作顺利通过山西省民政厅结项验收，圆满完成各项创建任务。

（1）运用网格化管理模式，收集民情落实服务。一是推行"党建引领、社会参与、网罗民意、服务为本"的网格化社会服务管理新模式。全区以300—500户为一个单元，划分了312个城市社区网格，包含2188个楼院、434个单位、1822个商铺，并设置312名网格员，实行网格员负责制。二是建立区、街道、社区社会服务管理三级中心，实现社区服务管理体系化。区社会服务管理中心是全区社会管理的指挥调度枢纽，街道社会服务管理中心起承上启下的作用，社区社会服务管理中心为三级中心运行的基础。三是建设数据平台，社区服务管理实现信息化。区社会服务管理信息平台联通了人社、民政、卫生、司法、公安、信访等16个部门72类综合服务管理数据信息；与水电暖卫物等相关单位实行了网上事项互联互通，与智慧矿区12个项目融合共建，形成了"互联网+网格"模式，有效扩展了社会服务管理体系平台的功能，提升了网格化服务管理水平。

（2）建立工作运行机制，实现社区订单式服务。一是做好订单征集，通过居民意见栏、网格员入户、楼居民代表反馈三种渠道收集居民需求。二是建立"六步闭环"式（上报、分类、处置、反馈、结案、归档）工作运行机制，完成订单处理。社区按照处理权限、职责定位、信息类别等进行分类解决，并做好订单式服务工作记录。如赛鱼街道井沟社区通过网格征集居民需求，按照"邻里牵手、区域共融"的工作理念，融合社区、赛鱼街道的公共服务资源，开发了13项有针对性的服务项目，打造了"党员服务站""邻里便民驿家""睦邻法治苑""乐邻文化园"4个社区治理和创新服务阵地。

从实地调研情况看，矿区"三治融合"社区建设方面仍然存在一些需要进一步解决的难题：第一，基层工作者心理疏导机制仍需完善。"上面千条线，下面一根针。"社区承担了大量烦琐的基层事务，社区工作者背负着较大的工作压力。如何更好地关心、关爱社区工作者，逐步建立并不断完善针对社区工作者的心理疏导机制，减轻他们在工作中承受的心理压力，是一个迫切需要解决的问题。第二，居民自治专业化水平有待提高。随着矿区"党建引领，三治融合"社区治理新体系创建工作推行开来，全区居民自治意识和自治水平有了显著提升，疫情防控工作中热心居民、志愿者的积极参与有目共睹，但居民自治不能停留在热心居民的带头奉献上，需要有相应专业知识融入自治工作中、有自治组织的规范管理和有序运作，与政府指导相辅相成，共同努力、共克难关。第三，社会组织培育发展还不充分。当前，尽管陆续建立了政府购买社会组织服务的机制和激励措施，但由于政府向社会组织购买服务项目存在领域不宽、项目不多、总量不大、稳定性差的问题，加之社会组织本身存在市场化、组织化程度不高等问题，一定程度上制约了社会组织持续发展的空间与活力，真正能够承接政府公共服务项目的社会组织仍然很少，需要加强培育发展社会组织，提高社区服务市场化程度。第四，配套激励机制不够完善。"网格化管理，订单式服务"需要动员各方面力量广泛参与，达到对资源的优化、整合、共享，从而提高管理与服务的质量和效率。然而，在实际运行中，由于激励机制不健全，仅依靠行政命令和简单宣传，无法充分调动居民广泛参与社区自治的积极性以及志愿者参与社区服务的热情，应进一步完善各项激励机制，对于网格员、志愿者有适当的奖励或补助。

针对上述治理问题和难题，当前阳泉矿区各街道社区"三治融合"建设的重点集中在深化治理体系改革上。一方面，巩固并丰富全区"党建引领，三治融合"社会治理新体系。加强基层党组织对群众自治的领导，在城乡社区治理、基层公共事务和公益事业中广泛实行党组织领导下的群众自我管理、自我服务、自我教育、自我监督；同步加快智慧社区建设工作，以平潭街街道育才社区、平潭街街道大院社区和赛鱼街道虎尾沟社区为试点，学习其他地市、县区的先进经验，通过利用智能技术和方式，整合社区现有服务资源，为社区居民提供多种便捷服务。另一方面，优化社区治理机制运行。以提升基层治理能力、建设共建共治共享的社会治理共同体为目标，坚持党建引领，社区居委会（村委会）发挥组织作用，以社区为平台、以社会组织为载体、以社会工作者为支撑、以社区志愿者为辅助、以社会慈善资源为补充，逐步提升矿区基层治理体系和治理能力现代化水平。目前，以矿区亲青社会工作服务中心、矿区七彩阳光社会工作站、矿区红帆社会工作室、矿区爱之牵社会工作站4家已成立的试点社区社会工作服务站（中心）在养老服务领域、儿童福利领域、社区治理领域、社会事务领域等多个方面积累的丰富经验为基础，探索推进街道社会工作服务站建设。

下面以两个社区创新案例为例，来对矿区"三治融合"社区治理实践做进一步的概括和分析。

（1）案例一："清廉社区"建设。2022年，矿区全面落实"清廉社区"建设要求，按照试点先行、全面展开、持续提升的路径，推动清廉制度、清廉干部、清廉文化融入社区治理各方面、全过程，逐步实现社区权力运行、准入制度、居务公开等各项制度机制成熟定型，权力运行规范有序，党组织领导下的自治、法治、德治相融合的基层治理体系进一步完善，实现政治清明、班子清廉、干部清正、居务阳光的基层政治生态。2022年以蔡洼街道南台社区为市级建设试点、赛鱼街道虎尾沟社区和平潭街街道东山社区为区级建设试点，探索实践、创新经验、提炼成效，做到边建设、边总结、边推广，为推动全区"清廉社区"创建工作提供示范。[①]

---

① 资料来源：课题组在阳泉市矿区民政局调研所得资料，2022年4月。

①例子一：桥南园社区清廉社区建设"三清五治三服务"工作法。2022年以来，桥南园社区作为沙坪街道清廉社区试点，将"清廉社区"建设与加强基层治理有机结合，探索"三清五治三服务"工作法，即"人清物清事清、五治融合、三支志愿服务队"，不断织密廉情监督网络、丰富廉洁文化、优化基层治理，助推社区队伍更强、工作更实、治理更有效。桥南园社区认真行使监督职能，督促社区党组织落实主体责任，加强社区党员干部日常教育监督等。建立社区工作事项准入制度、民主监督机制等，对社区"两委"干部、居民小组长和在职党员等遵守纪律情况实施监督，对社区各项惠民政策及资金落实情况开展常态化监督检查，对社区工作中与群众切身利益相关的事务进行全面梳理，围绕社区重要事项决策。一是打造清廉文化宣传队，传播清廉正能量。桥南园社区有着丰富的创建廉政文化经验，早在2014年，社区所创建的廉政文化一条街品牌就获得了区级领导肯定，2022年以来，社区重新串接"孝廉文化长廊""1947文化园"等主题教育基地，新增清廉主题板块，丰富"红色记忆"，形成清风之旅专线。社区党支部组织人员建立清廉文化宣传队，向党员及居民群众宣讲红色故事、清廉故事，把清廉文化和清廉社区建设成效展现给党员群众。二是打造楼宇送廉服务队，推进清廉文化双向流动。社区全力推动城市基层党建工作向纵深发展，积极打造楼宇"邻里"品牌。在全面推进文化服务进楼宇过程中，通过桥南、桥北、蒙河三个片区联合社区党支部打造楼宇送廉服务队，推进清廉文化双向输送，着力营造"亲""清"新型党群关系。一方面将党纪法规和典型案例装进"文化服务百宝箱"，推动社区廉政党课进楼宇，丰富清廉文化输出内容；另一方面挖掘楼宇中的好家庭、好家风素材，讲好孝老爱亲诚信友善的好故事，推动社区党组织学先进、鼓干劲。三是打造"三务公开监督队"，廉政风险抓早抓小。充分发挥红色小平台、大家微讲堂等平台作用，以社区党

支部成员和监督委员会为基础,成立"三务公开监督队",推动社区"党务、财务、居务"内容公开透明,有效排除廉政风险。"三务公开监督队"紧紧抓住两个重点开展工作。其一是以社区居务监督委员会为抓手,邀请委员会成员列席低保、临时救助等议事会,直接监督办理进度。其二是以纪检委员为抓手,组织"两委"成员签订《廉洁承诺书》,通过抓早抓小来杜绝违纪违法问题发生。

②例子二:桥头街道段南沟社区"清廉社区"建设探索出"三大三小三新"工作模式。段南沟社区以政治强廉、制度固廉、监督护廉、正风育廉为主框架,坚持把"清廉社区"创建与抓党建促基层治理有机融合,认真研究制定特色创建方案,细化措施,夯实为民服务,实现"鸿雁清风",促进基层治理,在社区谋划中挺进,在网格落实中发酵,形成"三大三小三新"的"清廉社区"建设工作新模式。

一是"大引领、大课堂、大体系"。其一是始终坚持红色"大引领"。段南沟社区充分发挥阳泉市特有的红色资源优势,组织在阳泉市革命烈士纪念馆、百团大战纪念馆、百年四矿等地开展红色教育,延续红色基因,坚决捍卫"两个确立",做到"两个维护",进一步增强历史责任感和使命感。社区在已经建成鸿雁法治小游园的基础上,建设"鸿雁清风"漫画长廊,在辖区内形成红色廉政文化的"清廉社区"良好氛围,在红色"大引领"下,让广大党员群众时刻感受到精神洗礼,鼓足劲头再出发。其二是开设"鸿雁清风"培训"大课堂"。在廉政文化、职业规划、普法教育以及心理健康等多方面予以集中辅导,为社区党员群众上好"清廉第一课"。组织换届后新任社区干部开展专题清廉教育课程,扣好上任"第一粒扣子"。依托社区清廉大课堂、微信网格群、红色影院等平台,组织党的十九大代表、市委讲师团讲师、党校教师等专家,组建领头雁宣讲队,深入大街小巷进行党的基层理论和廉政教育宣讲,让廉政教育、政治教育和政策宣讲深入人心。其三是建强"鸿雁清风大体系"。通过打造"居民留言台""社区回音壁""清醒加油站"去浊扬清;开展"巧手生莲花,清风伴鸿雁"剪纸活动、"鸿雁清风书香育德"读书会、"话清廉,促担当"主题演讲比赛、"清廉谜语猜猜乐"猜谜活动,"清风话廉政"故事会等夯基固本;在辖区内通过多个志愿服务站、平安驿站、妇女微家等阵地,形成清廉立体化站点阵地,如同一根根触角,延伸至大街小巷、家家户户。"三位一体"形成了创建"清廉社区"大体系模式,贯通了党风、政风、社风、民风,营造崇廉尚廉的清廉建设氛围。如同一阵阵清风拂面,把廉政清风吹入人心,把规范化、精准化、亲情化服务落地落实。

二是"小凳子、小孩子、小故事"。其一是在小处着手用力,同坐"小凳子"。坐上"小凳子"、端起"大碗茶",跟社区居民群众心贴心、面对面,是段南沟社区鸿雁党群议事园的独特风景。段南沟社区坚持"问计于民、问需于民",收集社情民意,调解居民纠纷,通过鸿雁党群议事园开展"鸿雁排忧"行动,解决辖区居民的急难愁盼问题,形成全科网格"格事化"管理模式,网格员一次次入户,送上了热心服务,开展了家庭、家风和家教建设教育,让廉政文化深入千家万户,一举多得。其二是在细处着眼用心,发动"小孩子"。段南沟社区通过树立"廉洁文化从娃娃抓起"的理念,以"小手拉大手"的方式,在辖区范围内培育清正廉洁的价值理念。通过开展"童心向党 伴我成长""传承好家风,争做好孩子"等主题活动,与创建"清廉社区"工作紧密结合,把中华优秀传统文化、廉政文化、良好的家风家训融入家庭教育的方方面面,教育和引导广大中小学生从小听党话跟党走,讲诚信、讲孝道、明事理,争做好孩子。通过与亲青社会工作服务中心等社会组织对接,开展寒暑假"我为爸妈颂党恩"活动,让孩子们在家中开展"爸妈您是党员吗?""您多大入党的?""入党誓词的含义是什么?"

等家庭作业，让党员回顾初心、重温入党誓词，让孩子们成为家庭中的小小清廉监督员。其三是从大处着手，用情讲好"小故事"。从细微处着手发力，开展"清风行动六廉"主题活动。"宣廉"，依托社区LED显示屏、展板、阅览室、鸿雁信息平台等文化宣传阵地，展示张贴廉政宣传标语、资料、图片等，及时传递廉政信息，宣传反腐倡廉政策法规，把清廉社区文化教育渗透到千家万户。"看廉"，利用党员远程教育平台，组织社区党员干部和居民群众观看廉政文化电教片，教育和引导社区干部树立廉洁自律意识。"听廉"，利用社区居民大讲堂，邀请相关专家和纪检干部为党员群众开展讲廉政党课活动，每年至少两次。"倡廉"，向社区党员干部和居民群众发放家庭助廉倡议书，号召党员干部反腐倡廉从我做起，自觉遵纪守法，悬挂廉政警言警句等标牌，营造居民群众温馨、和睦、清廉的良好生活环境。"评廉"，每年评选出一批"廉洁家庭"，发挥先进典型的导向、熏陶作用，并在辖区进行宣传，加强示范教育。"颂廉"，充分发挥社区鸿雁艺术团的作用，大力开展自编、自导、自演廉政文艺节目活动，每年开展一次大型廉政文化建设居民艺术节文艺汇演，讴歌真善美，抨击假恶丑，使居民群众在潜移默化之中得到教育、受到启迪。

三是"新品牌、新队伍、新名片"。其一是在探索中出特色，精心打造"鸿雁清风"新品牌。段南沟社区打造了鸿雁清风"五个一"：一个"鸿雁"品牌、一个"鸿雁文化长廊"、一个"鸿雁清风"宣讲团、一个"鸿雁清风"艺术团、一个"鸿雁"党员为民服务队。其二是在实践中强服务，深化培育清廉志愿服务新队伍。按照"专业志愿队+热心志愿者"的方式，打造具备专业特长、富有特点、彰显段南沟社区特色的志愿服务"鸿雁"新队伍。社区成立"鸿雁"志愿者协会，党员带头加入，树立榜样力量，滚雪球式扩大志愿服务人数2333名，形成七支"雁"志愿服务队伍：暖"雁"助困情系万家；银"雁"巡逻遛弯工作；威"雁"法律援助民生；洁"雁"环保美丽家园；俏"雁"宣传异彩纷呈；雏"雁"爱心从小树立；归"雁"守望共筑希望。其三是在创新中用心擦亮"清廉社区"新名片。有效运用网格化管理，进行订单式服务，形成社区治理优势，以网格员熟悉社情的特点和优势，让每个网格员就地变身"清廉宣传员""网格调解员"，形成网格员"1+N"网格化管理模式，解决居民群众操心事、烦心事、揪心事。"做好身边事、服务周边人"，擦亮"清廉社区"新名片。

（2）案例二：开展"枫桥家园（小区）"创建活动，夯实基层社会治理根基，为进一步学习推广新时代"枫桥经验"，推进社会治理向末端延伸。2019年5月矿区制定下发《阳泉市矿区开展"枫桥家园（小区）"创建活动的实施方案》，在全区打造12个创建试点，2020年开始在全区推广，到2023年，共创建103个"枫桥家园"（小区）。赛鱼街道虎尾沟社区在馨泽苑小区打造了"党建·馨泽苑"和居民自会所、德治广场、法治长廊等"枫桥家园"的"主阵地"，探索"民主管理的事务自治，依法理性办事的秩序法治，美德文明养成的文明德治"的居民小区治理模式。平潭街街道平西社区通过"善行义举榜评选活动"，选出11位示范先锋，用榜样的力量引导居民群众向上向善、孝老爱亲、重义守信。西河村制定完善了村民自治章程、村规民约、协商议事制度，成立了"红白理事会"，实行自我管理，设立法律法规讲习站，开展了"文明家庭"评比活动，签订了《"爱我西河爱我家"承诺书》，乡村治理推进井然有序，村风民风健康淳朴向上。贵石沟街道枣岭山社区利用贵石沟法庭开展"模拟小法官"活动，让青少年通过走进法庭亲身体验，认识法律，增强法律意识。同时，落实"一社区一法律顾问"，定期为居民普及法律法规，建立社区法律援助联络点，实施免费法律咨询便民工程，及时为居民开展法律援助服务。

矿区紧紧围绕平安服务主题，实施"百家争鸣"工程，培育社会组织参与社会治理。2020年5月，成立"矿区平安组织培育中心"，确立了"1+9"10个类别为培育重点，培育、扶持、发展、规范各类平安社会组织。目前，矿区平安组织培育中心进驻各类专业服务团队16个，参与人数达6000余人。全区已发展各类社会组织100余家，成熟发展管理运作36家。

矿区平安服务社成立于2017年5月，是在民政局备案的非营利性社会组织，以"奉献、友爱、互助、担当、和谐、进步"为宗旨，以志愿者服务为目的，由全国学雷锋标兵、公安部口碑警察、感动山西十大人物、退休民警侯明华牵头成立，实行社会化运作，统筹组织6个街道分社和设在街头路口的100个平安驿站、119个平安守望岗和全区6000余名平安志愿者开展群防群治、综治信息收集、特殊人群帮教等9项活动。桥头街道段南沟社区成立的"亲青FAMILY"社会工作服务中心是在团区委备案的社会组织，以"服务定位准、运行模式优、专家队伍好、活动阵地广、工作力量强"为标准，运用"五步工作法"服务管理重点青少年。贵石沟街道的"红帆社会工作室"是在民政局备案的社会组织，工作室由本街道13名持证社工（包括7名中级社工、6名助理社工）和1名心理咨询师组成，强力推出以"1+3+N"（"1"代表服务主题，"3"代表社区、社工、社会组织，"N"代表相关的服务链）为服务框架的服务圈。在发展模式下开展青少年小组工作。通过"场地共用、资金众筹、活动联办、服务共享"的工作手法，实现"社区+社工+社会组织"的三社联动。同时，从深化诉源治理出发，多元化解矛盾纠纷。在全区推行法官包点分片"进企业、进社区、进农村、进学校、进机关"活动，努力打造以"源头预防、非诉挺前、裁判终局"为核心的诉源治理品牌。2021年，在贵石沟法庭首先试点推行"社区法官工作站",率先在贵石沟街道所在的各社区建成4个"社区法官工作站",在五矿建成1个"企业法官工作站",将化解各类矛盾的关口前移。2022年开始在全区全面推广,截止到5月底,全区6个街道实现"社区法官工作站"全覆盖。干警每周轮值,定点为企业、社区群众和网格员、调解员提供纠纷化解、法律咨询、法治宣传、法律指导、司法确认等服务,将纠纷化解在萌芽阶段,避免矛盾激化产生不必要的诉讼、信访。"社区法官工作站"成立以来,接待群众2000余人次,有效化解矛盾130余件次。同时,创新"互联网+社区"诉源治理模式,通过微信方式同步建立线上"社区法官工作站",并组建了"1+1+1+N"街道社区调解团队(即"1名班子成员+1名包保法官+1名社区人民调解员+N名书记员"),通过定期开展巡回审判、远程庭审以及提供线上法律咨询,指导社区调解矛盾纠纷。

另外,在维护社会稳定方面,矿区通过大力学习推广新时代"枫桥经验",不断健全党委领导、政府负责、社会协同、公众参与、法治保障的基层社会治理体制,激发社会治理活力,调动社会力量共同化解矛盾、维护稳定、推动发展,努力实现矛盾不上交、平安不出事、服务不缺位,矛盾纠纷、越级上访、进京非接待场所上访人员减少,群体性事件、"民转刑"案件、公共安全事件下降,群众获得感、幸福感、安全感上升的"三不""三少""三降""三升"目标,促进基层社会治理体系不断完善,服务广大群众水平明显提高,共建共治共享的格局基本形成。

在2019年学习推广新时代"枫桥经验"的基础上,2022年矿区重点创建12个"枫桥家园(小区)",推进社会治理向小区延伸,打通社会治理的最末端。全区6个街道各创建2个"枫桥家园(小区)",一个为开放式小区,一个为封闭式小区。2022年5—8月为创建阶段,9月为总结验收阶段,10—

11月为完善推广阶段。① 矿区通过"枫桥家园（小区）"创建，逐步形成居民自治、法治保障、德治教化的社会治理体系，形成居民依法办事、邻里守望相助、人际关系和谐的良好社会氛围。

在创建"枫桥家园（小区）"实践中，一是坚持党建引领。选好用好社区基层党组织书记，巩固和加强党在社区的组织作用；构建区域化大党建，与驻地单位党组织联合成立社区党委，共建共商社区事务；建立楼宇党小组、社团党组织，做到党的组织应建尽建；成立党群联络中心，让党组织的服务管理触角延伸到社会治理的每个末梢，使党组织成为基层社会治理的"领头雁"，确保基层社会治理的正确方向。二是形成自治体系。村（社区）要设立村（居）民自治会所，建立自治章程，规范工作流程，依托村（居）民会议、村（居）民代表大会、协商议事会，不断深化和拓展"六议两公开"，健全村（居）务监督委员会，引导村（居）民参与自治；小区要建立村（居）民议事场所，成立小区自治委员会，制定村规民约、居民公约，并组成监督委员会，监督村规民约、居民公约的落实；小区内每栋楼要通过民主选举，推选楼长，并将楼宇基本情况公示于楼栋墙面，反馈民意，表达民声，接受监督，把社区各项事务的决策权交给群众，打造民事民议、民事民办、民事民管的多层次基层协商格局。三是强化法治建设。成立村（社区）法律法规讲习所，落实"一村（社区）一法律顾问"，定期为村（居）民普及法律法规；建立村（社区）法律援助联络点，确立联络员，发展法律援助志愿者，及时为村（居）民开展法律援助服务；打造法治长廊、法治小游园、法治广场等法治宣传阵地，组建一支法治宣传队伍，通过法治主题宣传活动、法治案例讲解活动、法庭警示教育活动、评选遵纪守法先进典型活

---

① 资料来源：课题组在矿区政法委调研所得资料，2023年3月。

动等形式，加强法制宣传力度，推动群众形成亲法、信法、学法、用法的行为自觉，强化法律在解决村（社区）事务和化解矛盾问题中的权威地位。四是营造德治氛围。开办村（社区）道德大讲堂，依托大讲堂定期开展道德讲座；开展文明家庭、身边好人、道德模范、见义勇为先进等评选活动，开展最美网格员、最美家庭、最美村（居）民评比活动，用身边好人、身边好事教化居民；建立新时代文明实践站，培育小区文明元素；打造德治广场，营造小区文化氛围，传播优秀传统文化，弘扬社会主义核心价值观；成立居民家事委员会，倡导家事新事新办，抵制陈规陋习；设立居民风采展示区，激励居民参与公益活动，共享文明成果；引导开展小区文艺活动，丰富居民文化生活，凝聚居民团结和睦正能量。五是发展社会组织。积极倡导村（居）民志愿服务，成立志愿者管理小组，统筹开展小区志愿活动；实行志愿者积分制度，鼓励人人参与平安志愿服务，使志愿服务蔚然成风；培育发展和引进专业型社会组织，开展各类帮扶济困、治安巡逻、法律咨询、心理辅导、矛盾化解、邻里守望、重点青少年关爱、敬老养老、特殊人群帮教等活动。六是延伸服务管理。在村（社区）设置便民服务台，公开服务村（居）民权利清单和流程清单，设立村（居）民服务需求征集箱，公开监督方式和服务联系方式；建立网格员入户走访工作机制，做到村（居）民诉求收集在小区，民生事项服务在小区、矛盾隐患化解在小区；设立村（居）民事项代办点，做到办事流程一次告清、印证材料一次备齐、申请事项一次办结，让网格员多跑一次、村（居）民少跑一次。

总之，矿区坚持把自治、法治、德治作为社区治理的根本方式，将"三治融合"作为社会治理的基础性工程，逐步形成党组织领导下的"大事一起干、好坏大家判、事事有人管"的基层治理新格局。（1）完善群众自治。加强基层自治规范性建设，依法制定自治章程、村规民约、居民公约，组织公职人员进社区认领楼道长，围绕公共事务服务、供需对接，加强村（社区）、社会组织、社工人才联动，创设服务项目，丰富群众自治形式。（2）全面依法治理。深入挖掘本土法治资源，推进法律服务平台建设。镇街公共法律服务站、村（社区）公共法律服务点率先实现全覆盖，法律服务团队驻点服务、入户服务、按需服务，以案释法，以身边人说身边事、身边人教育身边人，感受法治正义，领悟法治精神，增强法治意识，形成百姓崇法循法行动自觉。（3）强化以德化人。广泛推进社会主义核心价值观传播普及，发挥家庭的生育、养老、教化等传统社会功能。完善道德模范、最美人物关爱帮扶和礼遇机制，褒扬先进、惩戒落后，引导广大居民从身边做起、从小事做起，营造崇德向善的良好风尚。

矿区在"三治融合"社区建设方面的创新实践，强化了党对基层的全面领导，夯实了基层政权执行国家政策、服务基层的权责和能力。具体可以概括为两个方面。

一方面，通过党建引领持续加强基层政权建设，提高其管理和治理社会的能力。基层政权是最低一级行政区域内的国家政权，是国家治理现代化的基础和力量之源。构建系统完备、科学规范、运行有效的基层政权体系，才能释放社会治理的强大效能。近年来，矿区通过对基层政权系统的重新组合，形成了以基层党组织为核心的社区党群治理结构——社区党群服务中心体系，基层党组织的权威领导地位获得程序性和制度性的强化，党政权力运作的执行力和效率提高，基层政权的社会治理和公共服务能力得到了增强。基层政权的地位和使命决定了其在国家治理体系中具有两个基本的功能：一是通过执行国家相关政策来治理社会；二是通过联系群众、治理公共事务来服务基层。党建引领基层政权建设就是要推动党的基层组织体系和基层治理体系的有机融合，确保党的基层组织在基层治理的重要事项、重大问题上发挥政治引领作用。

另一方面，适应市场经济多元化、社会多元化与价值多元化的发展态势，持续强化党对各种经济体和社会治理主体的全面领导。非公有制经济是我国现阶段除公有制经济形式以外的经济结构形式，是社会主义市场经济的重要组成部分，在我国的经济发展中具有重要地位。早期，有关非公有制企业党建工作的指导机构，在地方设置比较混乱，有的划入了当地的市场监管部门的党建机构，有的划入了当地的市直机关工委。由于没有实体的独立管理机构，非公有制企业的党建工作比较薄弱。党的十八大以来，党中央高度重视非公有制经济发展和非公有制企业党建工作。矿区从顶层设计层面解决了长期以来的非公有制企业党建主管机构缺位的问题，通过自上而下的垂直管理体系，推动非公企业党建工作，以党建引领发展。除了经济组织，党建引领还进一步辐射到各种社会组织，包括行业协会、商会和志愿组织等。一段时间以来，政府对各类社会组织多头管理的现象比较突出，有的是登记在民政部门，有的是由业务主管部门管理，有的是属地管理，有的是归口管理，甚至有一段时间放松了对社会组织的管理，草根组织、社区组织、自发组织盛行。矿区区委组织部的社工委统一领导行业协会、商会的工作，协调推动行业协会、商会深化改革和转型发展，指导新社会组织党建工作，特别是推动社会组织站稳群众立场，及时为群众发声、为群众服务，发挥社会组织联系群众的桥梁作用。构建"一核引领，多方参与，共建共治共享"工作格局，有效解决转型期社会所面临的各种治理难题。换言之，进一步优化基层治理模式的关键在于将基层各类组织、各种事务统筹于党的全面领导之下，使得"上面千条线，下面千根针"的混乱状况，转变为"上面千条线，下面一根针"的有序状态。

第六章 "政党组织社会"的阳泉矿区实践：基于调查数据的检验

对于当代中国而言，"政党组织社会"是一个具有先在性的实践过程。"党政军民学，东西南北中，党是领导一切的。"① 值得注意的是，党的领导并不全然等同于政党对社会的组织。仅就外在形式而言，以战后亚非拉新兴民族国家为主的许多国家都可以被认为拥有某种形式的"党的领导"。但是，就其内涵与实践过程而言，作为一个"使命型政党"的中国共产党与这些国家的政党有着重要的差别。"使命型政党"必然要求政党基于其使命理念对社会进行组织甚至彻底改造，而这一组织或彻底改造的过程同样也是政党自我发展的过程。在组织社会的过程中，政党得以传播意识形态、扩大组织结构、吸纳政治精英、增强执政能力。这是因为，"政党组织社会"的过程是一个动态变化、多向影响的过程：执政党在实践中必然需要体现作为某种整体概念意义上的"人民"利益，"人民"的利益诉求必然影响执政党的执政实践过程；然而，"人民"这一群体同样是在使命型政党的实践中被塑造的，其观念、行为乃至群体边界都在政党的实践中不断发生变化。亦即，政党基于其意识形态和执政要求而按照其意图组织社会，而社会本身既受到政党组织社会这种行为的影响，又对政党自身和政党组织社会的行为产生影响。正是在这种互动中，政治共同体得以保持相对稳定的内部环境，并依据外部环境变化做出相应的调适。

---

① 《习近平新时代中国特色社会主义思想学习纲要》，学习出版社、人民出版社2019年版，第68页。

与单一掌握国家权力的执政不同,"政党组织社会"的过程是一个长期性、根本性、复杂性的过程。在一些欧美国家,执政党仅需要在大选期间赢得一次或几次选举,虽然其需要在相对较长的一段时间内不断扩大选民基础并尝试塑造选民的观念,但一切行为仍然是围绕选举活动本身展开,选举的成功是一切的中心,而选举之后的执政党和反对党的种种政治行为(包括通过新法律、提出新政策、组织抗议等)也同样需要围绕选举这一中心,即为赢得此后继续执政的机会而满足相应利益集团的需求。与之不同,在中国,"政党组织社会"的过程则是一个漫长的过程,其并不着眼于选举活动本身,而是着眼于对社会的长期性改造,以求建立一个符合其意识形态及现实诉求的共同体,并基于这一目的而深入社会的各领域、各角落,通过宣传意识形态、提升获得感、建立组织、树立具有引领性的个人模范等方式实现社会的有序发展和政党的有力领导。

在基层治理现代化的背景下,阳泉市矿区探索以党建促进基层治理现代化,着力于传统工矿区的重塑,有序推动矿区由单位制向社区制转变,并积极尝试在新的时代基础上建构新的组织体系、制度体系、治理体系。在实践中,阳泉市矿区构建了基于党建的一平台受理、一站式服务、一张网共治、一揽子解决的创新治理新机制,在强化组织引领、完善城市治理体系、打造共治共建新格局等方面取得了突出的成果。[①] 在第一阶段进行实地调研与深度访谈的基础上,我们以"政党组织社会"作为理论立足点,具体切入基层群众认知感受视角,并在"政党组织社会"的分析框架下关注基层治理的各项细节,对阳泉市矿区的群众进行了问卷调查。

[①] 洪向华:《阳泉实践开创基层党建引领基层治理新局面》,人民论坛网(http://www.rmlt.com.cn/2022/1024/658722.shtml),访问日期:2023年10月24日。

第六章 "政党组织社会"的阳泉矿区实践：基于调查数据的检验

本次问卷调查的范围为阳泉市矿区六个街道的 10 个行政村和 14 个社区，共回收问卷 2177 份，通过对应答时间等进行处理，确认回收有效问卷 2164 份，问卷有效率为 99.40%，符合相关标准。在 2164 份有效数据中，男性受访者 776 人（35.86%），女性受访者 1388 人（64.14%）。在所调查受访者中，年龄段在 18 周岁以下者 13 人（0.60%），18—25 周岁者 213 人（9.84%），26—30 周岁者 247 人（11.41%），31—40 周岁者 471 人（21.77%），41—50 周岁者 586 人（27.08%），51—60 周岁者 450 人（20.79%），60 周岁以上者 184 人（8.50%）。其他人口学指标的具体统计结果，可参见表 6—1。

表 6—1 "政党组织社会"的阳泉矿区实践问卷调查对象的基本情况

指标	类别	频数	百分比（%）	指标	类别	频数	百分比（%）
性别	男性	776	35.86	个人月收入	1500 元以下	697	32.21
	女性	1388	64.14		1501—3000 元	798	36.88
年龄	18 周岁以下	13	0.60		3001—5000 元	460	21.26
	18—25 周岁	213	9.84		5000 元以上	209	9.66
	26—30 周岁	247	11.41	家庭年收入	1.5 万元以下	467	21.58
	31—40 周岁	471	21.77		1.5 万—5 万元	833	38.49
	41—50 周岁	586	27.08		5 万—8 万元	484	22.37
	51—60 周岁	450	20.79		8 万—10 万元	222	10.26
	60 周岁以上	184	8.50		10 万元以上	158	7.30
民族	汉族	2132	98.52	家庭主要收入来源	农业生产收入	83	3.84
	少数民族	32	1.48		本地工资收入	1447	66.87
受教育水平	初中及以下	524	24.21		家庭经营收入	70	3.23
	高中（含高职、高专）	616	28.47		在外务工收入	185	8.55
	大专及本科	981	45.33		其他类型收入	379	17.51
	研究生（含硕士、博士）	43	1.99	目前职业	务农	92	4.25
政治面貌	中共党员	620	28.65		务农兼打零工	46	2.13
	共青团员	231	10.67		在外打工	195	9.01
					个体工商户	41	1.89
	群众或其他	1313	60.67		企事业单位工作人员	663	30.64
					其他	1127	52.08

注：本表数据为四舍五入所得。

具体考察相关指标数据，可以得到受访者整体的人口学特征状况。在参与本次问卷调查的受访者中，民族为汉族的受访者占到绝大多数（2132人，98.52%），而少数民族受访者仅有32人（1.48%）。在受教育水平方面，受教育水平为大专及本科的受访者最多，共有981人，占受访者总数的45.33%；此外，受教育水平为高中（含高职、高专）的受访者有616人（28.47%），受教育水平为研究生（含硕士、博士）的受访者共有43人（1.99%）。受教育水平高于义务教育阶段的受访者占受访者总数的75.79%，高于高中阶段的受访者占受访者总数的47.32%。这表明，本调查的受访者普遍具有相对较高的受教育水平。在政治面貌方面，共有620名受访者的政治面貌为中共党员（28.65%），231名受访者的政治面貌为共青团员（10.67%），即政治面貌为中共党员和共青团员的受访者数量占受访者总数的1/3以上。在个人月收入指标方面，受访者的收入水平在各个层次相对平衡，其中月收入在1500元以下者697人（32.21%），月收入在1501—3000元者798人（36.88%），月收入在3001—5000元者460人（21.26%）而月收入在5000元以上者209人（9.66%）。与个人月收入指标相对应，受访者家庭年收入水平在各个层次相对平衡，其中家庭年收入在1.5万元以下者467人（21.58%），家庭年收入在1.5万—5万元者833人（38.49%），家庭年收入在5万—8万元者484人（22.37%），家庭年收入在8万—10万元者222人（10.26%），而家庭年收入在10万元以上者158人（7.30%）。在家庭主要收入来源方面，受访者家庭以工资收入为主要收入来源（1632人，75.42%），其中以本地工资收入为主要收入来源者1447人（66.87%），以在外务工收入为主要收入来源者185人（8.55%）；此外，受访者以农业生产收入为主要收入来源者83人（3.84%），以家庭经营收入为主要收入来源者70人（3.23%），以其他类型收入为主要收入来源者379人（17.51%）。在受访者目前职业方面，务农者92

人 (4.25%)，务农兼打零工者 46 人 (2.13%)，在外打工者 195 人 (9.01%)，个体工商户 41 人 (1.89%)，企事业单位工作人员 663 人 (30.64%)，其他职业者 1127 人 (52.08%)。

在中国，"政党组织社会"的逻辑，同时也是基层治理现代化的逻辑。就中国实践而言，政党是基层治理现代化的领导者，政党逻辑是基层治理现代化的方向指引，政党的基层组织和基层成员是基层治理现代化广泛的实践者和推动者。与此具有同构性的是，只有有效实现了基层治理现代化，政党才有可能充分完成符合其政党意识形态与现实诉求的组织社会的工作。也就是说，考察政党如何组织社会，特别是如何在一个具有典型意义的前工矿区单位制社会实现社会的再组织，就必须基于政党视角考察其基层治理现代化状况，在实践逻辑上将基层治理现代化的过程重构为"政党组织社会"的过程。基于这一考量，我们在调查问卷中集中考察了阳泉矿区基层治理现代化的状况，并在问卷设计和问卷分析中基于"政党组织社会"的逻辑将本问卷调查的内容划分为政治机制考察、组织机制考察、吸纳机制考察和服务机制考察。在调查中，我们着眼于基层群众在基层治理现代化中的具体感知，重点关注基层群众在基层治理现代化中对于政党组织及党员个人的认知状况，力图得出可供理论研究者和相关实务部门共同参考的数据结果，并在此基础上尝试探索未来党的组织力建设进一步发展的可能空间（见图6—1）。

第一节 政治机制

政治建设在中国共产党的各项建设中具有极其重要的地位。"旗帜鲜明讲政治是我们党作为马克思主义政党的根本要求。党的政治建设是党的根本性建设，决定党的建设方向和效果。"[①]

[①]《中共中央关于加强党的政治建设的意见》，《人民日报》2019年2月28日第1版。

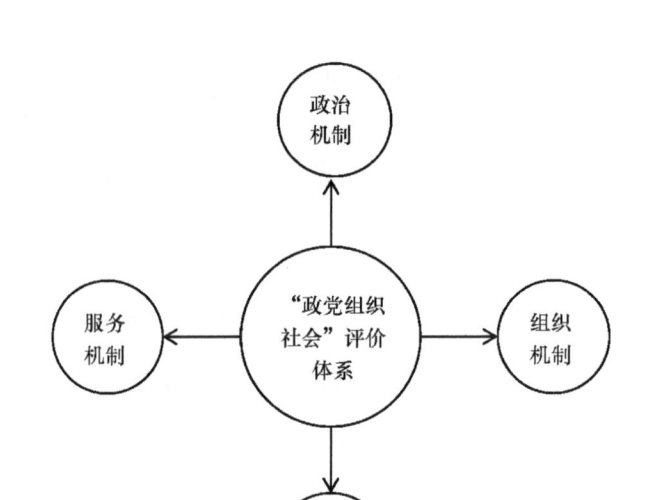

图 6—1 "政党组织社会"评价体系结构

一个有能力组织社会的党，首先必须是一个在政治上方向明确、立场坚定的党。缺乏鲜明的信仰，政党就无从提升自身的执政能力，因而既无法为组织社会提供方向，又无法为组织社会提供能力。因此，就考察"政党组织社会"这一过程而言，对"政党组织社会"的政治机制的考察应当被置于首位。提升"政党组织社会"的能力，必须首先从完善政治机制入手，着力对内构建良好的党内政治生态、对外以高度的先进性实现有力的政治宣传。

一 政治生态

在考察阳泉矿区"政党组织社会"进程下的政治机制时，本问卷调查首先关注当地的政治生态状况。良好的政治生态，是一个政党自我发展的关键，也是一个政党能够有效组织社会的关键。缺乏良好的政治生态，那么政党不仅对内是涣散的，而且对外是无力的。只有党组织拥有正气充盈、担当作为的政治生态氛围，才能在实践中充分贯彻党的纲领和行为要求，并通过党组织的领导有效带动政府机关、社会组织和公众个人，有效实现政党对于社会的组织。在党组织的领导带动作用下，一个正气充盈、担当作为的政治生态氛围，能在丰富的治理实践中让群众感受到党组织具有高度的先进性，拥有行之有效的治理能力、服务群众的治理立场和清正廉洁的治理生态。在此基础上，基层群众才能够提升对政党的拥护、对"政党组织社会"行为的拥护。因此，在问卷调查中，我们选择直接向受访者询问其所接触的基层党组织的政治生态状况，在问卷中设置"您认为，您所接触的基层党组织是否具有正气充盈、担当作为的政治生态氛围"，并得到了如表6—2的结果。

表6—2　　　　　受访者关于政治生态的评价情况

受访者态度	频数	百分比（%）	累计百分比（%）
非常具有	787	36.37	36.37
比较具有	621	28.70	65.07
一般	632	29.20	94.27
比较缺乏	71	3.28	97.55
非常缺乏	53	2.45	100.00
总计	2164	100.00	—

在收回的有效问卷中，本题的平均得分为2.07（1 = "非常具有"，5 = "非常缺乏"，以此类推），标准误为0.02。在各个选项中，最多受访者选择了"非常具有"（787，36.37%），而受访者的选择为"一般"以上者则占据了受访者总数的一半以上（1408，65.07%）；与之相对，选择"比较缺乏"和"非常缺乏"选项的受访者仅占受访者总数的5.73%。这表明，受访者普遍较为认同其所接触的基层党组织具有正气充盈、担当作为的政治生态氛围。由此可以基本认为，在阳泉矿区"政党组织社会"的实践中，党组织内部普遍具有相对良好的政治生态氛围。在矿区未来的社会转型发展进程中，应当尤其注重政治

生态氛围建设，以良好的政治生态提升政党组织的吸引力，让良好的政治生态成为赋能基层治理的有力抓手。在政治生态的进一步建设中，坚持发扬党内民主、坚持广泛的批评与自我批评相结合、坚持理想信念教育，是打造敢担当、能作为的优秀党员干部的必然途径，是建设良好政治生态的必由之路。

二　政治宣传

一个治理有效的政党，必然是一个有着充分宣传能力的政党。良好的政治宣传必然植根于良好的政治生态，而良好的政治生态必须与有效的政治宣传相结合，方能提升政党的基层社会治理能力，增强政党的组织吸引力。有效的政治宣传，能够让人民群众主动参与基层治理，主动围绕在党组织周围，进而实现"政党组织社会"的有效化和基层治理的现代化。

在考察政治宣传状况时，我们首先关注政治宣传的基层硬件设施状况。对于广泛的基层政治宣传而言，宣传栏是最普遍的硬件设施。在土地革命时期，中国共产党就不断将宣传口号、党的文件、公共事务状况等张贴在乡村公共活动密集区内。这一做法不仅能将党的政治宣传深入各个角落，而且能推动基层群众之间迅速对政治宣传内容展开交流，提升政治宣传的效率。在当代，村（社区）宣传栏则承接了这一职能。就具体效果而言，村（社区）宣传栏还有以下优点：首先，宣传栏往往需要依托纸质媒介，而纸质媒介保证了宣传栏内的信息具有较长的停留时间，易于基层群众随时查看，不仅实现了长期内的潜移默化，而且其中公示类的信息长期存在也为基层监督提供了有力帮助。其次，宣传栏信息的接触门槛较低，仅需要信息接收者能够正常阅读文字，因此宣传栏这一渠道能够广泛适应各个年龄阶段，有效弥补新媒体宣传渠道所具有的老龄群体难以接触的短板。最后，村（社区）内的宣传栏中往往具有大量贴近身边生活的内容，这能够引起基层群众时常查看的兴趣，提升宣传栏的利用频率和宣传效果。因此，在问卷中，我们考察了宣传栏的使用情况，向受访者询问"您所在的村（社区）的宣传栏中哪两类内容占比最大（限选两项）"，基于基层调研情况设置了"村（社区）信息公开""报纸""本村（社区）居民和周围商家的广告""党史、党建和党的精神宣传"以及"文娱活动信息"六个备选项，并得到了如图6—2的结果。

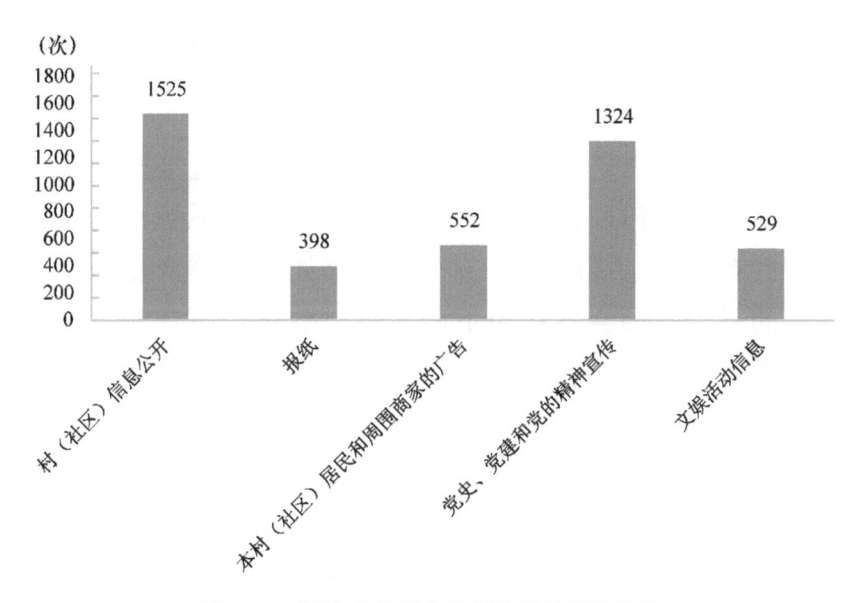

图6—2 受访者关于宣传栏使用的评价情况

由图6—2可得，在受访者所在的村（社区）宣传栏中，"村（社区）信息公开"及"党史、党建和党的精神宣传"两类内容通常占有较大比例。对于政治宣传而言，这两者相互补充，均具有重要的意义。"党史、党建和党的精神宣传"可以被认为属于直接政治宣传，其内容相对集中、信息密集，能够对基层群众产生更直接、更明显的感染力，有利于直接增强基层群众对党的拥护，提升基层群众对党的路线、方针、政策的认识。"村（社区）信息公开"则属于间接政治宣传。这是因为，村（社区）的信息公开工作是我国基层治理现代化中的重要工作之一，有效的信息公开不仅能够保障基层监督工作的有序发展，而且能够增强基层群众参与基层监督的积极性，提升基层群众对于基层治理现代化的获得感，让基层群众在信息公开带来的获得感中感受到党为人民服务的真实性，潜移默化地提升基层群众对于党组织的拥护。这既能够有效赋能基层治理现代化，又能为"政党组织社会"提供新的社会资源。因此，在新媒体技术日益发展的当下，不能简单轻视传统政治宣传方式可能产生的积极效果，而是应当充分利用各种政治宣传形式的独特优点，让多渠道的政治宣传发挥最大效用。

在上述问题的基础上，我们进一步考察了直接政治宣传的状况。在政治宣传中，直接政治宣传与党的关系更加密切。在实践中，有效的直接政治宣传不仅能够让基层群众受到党的光荣历史的感召，领会党在当下的方针、政策，而且能引导基层群众在现实生活中感受到党的重要性。在市场经济条件下，利益多元化、观念多元化是必然的趋势。因此，必须加强政治宣传，让基层群众感受到自身获得感的提高同党组织是密不可分的，才能在多元化趋势下坚定党的全方位领导地位，实现"政党组织社会"的进一步深化，有力推动党领导下的基层治理现代化。因此，在问卷中，我们向受访者询问"您认为，党组织的指导思想、工作方针、文化理念在您所在的村庄（社区）的普及程度"，并得到了如表6—3的结果。

表6—3　　　　　受访者关于政治宣传的评价情况

选项	频数	百分比（%）	累计百分比（%）
基本实现全覆盖，普及程度高	698	32.25	32.25
覆盖了大部分人，普及程度较高	589	27.22	59.47
只有一部分人知道，普及程度一般	510	23.57	83.04
完全不了解，普及程度较低	106	4.90	87.94
不太清楚	261	12.06	100.00
总计	2164	100.00	—

将本题中的五个选项分别赋值1—5，并对其数据进行相应处理后可得，受访者对于直接政治宣传工作普及状况的平均评分为2.37（标准误为0.03）。这一结果表明，就总体而言，阳泉矿区基层在直接政治宣传普及方面的工作取得了一定成效，但是仍有相对较大的发展空间。在受访者中，过半的受访者对于直接政治宣传工作的普及状况给予了相对积极的评价（1287，59.47%），但是仍有近20%的受访者表示当前阳泉矿区基层的直接政治宣传普及状况并不理想（267，16.96%）。此外，我们还考察了直接政治宣传普及认知同政治生态认知的关系。在问卷分析中，我们对本题数据结果及前文所述的考察政治生态认知的数据结果进行了偏相关分析，最终得到的偏相关系数为0.52（$p<0.001$），即受访者对于其所在村（社区）的直接政治宣传普及认知同其对于所接触的基层党组织的政治生态认知之间存在相关关系，且两者的相关关系是较强的正相关关系。这一结果初步表明，较高的直接政治宣传普及认知能够提升基层群众对于基层党组织政治生态的正面认知。因此，在未来基层党组织工作推进中，阳泉矿区应当进一步强化对党组织的指导思想、工作方针、文化理念等方面的宣传，补齐直接政治宣传的短板，让具有实效的政治宣传提升基层群众对党组织政治生态的认同，增强基层党组织的战斗堡垒作用。

在政治宣传中，党组织必须始终坚持对政治宣传的领导，在宣传工作中保持核心地位，积极探索宣传方式，让政治宣传始终跟党走，以党组织领导的高效政治宣传促进"政党组织社会"工作的有效开展。为考察党组织宣传工作开展状况，我们从另一个角度切入，向受访者询问"您认为，本地党组织的宣传工作在哪个方面问题最为突出"，基于实地调研结果和相关研究经验设置了四个备选项，即"与现实生活关系不密切""宣传的形式过于单一""宣传的内容缺乏创新""党员干部不重视宣传工作"，力图既得到关于党组织宣传工作的当前状况，又能为党组织宣传工作的进一步发展提供助力。受访者对于该题的回答，可参见表6—4。

表6—4　　受访者关于政治宣传存在问题的评价情况

选项	频数	百分比（%）	累计百分比（%）
与现实生活关系不密切	637	29.44	29.44
宣传的形式过于单一	681	31.47	60.91
宣传的内容缺乏创新	672	31.05	91.96
党员干部不重视宣传工作	174	8.04	100.00
总计	2164	100.00	—

从表6—4中，可以得出阳泉矿区党组织的党员干部普遍较为重视宣传工作，并且这一重视受到了基层群众的广泛认可。就受访者对于各个选项的选择而言，选择"党员干部不重视宣传工作"的受访者远低于选择其他任一选项的受访者。在中国共产党长期的历史实践中，党员干部的重视是宣传工作得以顺利开展的前提，而宣传工作顺利开展又是其他一切工作顺利开展的前提。在有效的宣传工作的基础上，党组织方能够有效动员社会、整合资源，实现政党对于社会的有效组织。在社会治理转型期，良好的宣传工作能够减少可能的基层冲突，增强基层凝聚力，降低可能产生的转型成本。因此，阳泉矿区党组织应当坚持对宣传工作的重视，增强对宣传工作关键意义的认识。此外，值得关注的是，就表内数据而言，选择"与现实生活关系不密切""宣传的形式过于单一""宣传的内容缺乏创新"三个选项的受访者数量高度接近。首先，从整体视角来看，三个选项数据之间高度接近，这表明对于受访者整体而言阳泉矿区党组织的宣传工作不存在过于突出的短板，宣传工作内部整体质量较为均衡。其次，三个选项的数据均明显高于"党员干部不重视宣传工作"这一选项的数据，表明阳泉矿区党组织的宣

传工作在这三个方面仍有相当的发展空间。因此，在未来的宣传工作中，可以从这三个方面着力下手，因地制宜展开宣传，将政治宣传同基层群众最直接的生活和体验相结合，尝试推动多种宣传形式齐头并进，积极结合本地文化宣传内容。其中尤为重要的是，要将提升基层群众的获得感同对基层群众的政治宣传相结合，让群众感受到党组织对其生活的积极影响，增强群众对于党的拥护，为基层治理现代化提供更强大的动力。

第二节 组织机制

对于单位制向社区制转型下的"政党组织社会"过程而言，政党的组织机制具有重要的意义。在传统单位制社会中，政党通过党组织、群团组织和民主党派建立了具有鲜明整合属性的组织体系，而这一组织体系深入基层最直接的体现就是单位的广泛存在。在单位制下，"一切微观社会组织都是单位，控制和调节整个社会运转的中枢系统由与党的组织系统密切结合的行政组织构成"①。在单位制社会，政党在大多数情况下仅需要通过控制具有严密边界且单一化的单位即可实现对于社会的有效组织。然而，当今中国早已步入后单位制社会，利益多元化、思想多元化已成为不可逆转的潮流。由此，党对于社会的组织则必然采取远不同以往的方式。在新时代实现党对社会的有效组织，必须适应多元化发展趋势，必须坚持法治化方向，必须承认市场经济下的新理念和新逻辑，建立新的组织，采取新的方式，在促进发展的前提下鼓励探索"政党组织社会"的不同模式，在党内实现有效组织的前提下促进社会的高效组织。

---

① 路风：《单位：一种特殊的社会组织形式》，《中国社会科学》1989年第1期。

一 党内组织机制

实现有效的"政党组织社会",首先应当加强党内自身的组织建设。一个组织建设良好的党组织,应当是一个理想信念坚定、先锋作用显著、行动统一高效、民主集中科学的党组织。只有理想信念坚定,才能保证党组织在考验面前不动摇、困难面前不退缩;只有先锋作用显著,才能推动广大群众拥护党组织,引领群众积极参与基层治理;只有行动统一高效,才能有效应对多种复杂挑战,提升"政党组织社会"的效率;只有民主集中科学,才能充分适应快速变动的多元化社会,保证党组织在实践中始终具有高度的先进性。

对党内部组织状况的考察有多个切入点,我们先选择对党员参与基层志愿服务的情况进行考察。这是因为,党员参与基层服务的状况能较为全面地反映党内组织机制的状况。首先,为人民服务是党的宗旨,而在志愿服务过程中,党为人民服务的理想信念能够最直观地体现出来。其次,党员参与志愿服务,能够起到先锋模范作用,能够对周边群众产生积极影响,带动广大群众积极参与社会志愿服务,提升党组织的社会动员能力和社会的自组织能力。最后,党员参与志愿服务,能够增强党员的集体意识,促使党员在志愿服务的实践中感受到组织的先进性,增强党组织凝聚力。因此,在问卷调查中,我们向受访者询问"在日常生活中,您所在的村(社区)里经常参与公益事业和义务劳动的党员数量多吗",并得到了如表6—5的结果。

表6—5　　　　　受访者关于党员义务劳动的评价情况

选项	频数	百分比(%)	累计百分比(%)
党员几乎不经常参与	165	7.62	7.62
较少党员经常参与	498	23.01	30.63
一半党员经常参与	405	18.72	49.35

续表

选项	频数	百分比（%）	累计百分比（%）
较多党员经常参与	716	33.09	82.44
几乎全部党员经常参与	380	17.56	100.00
总计	2164	100.00	—

将本题中的五个选项分别赋值1—5，并对其数据进行相应处理后可得，本题平均分数为3.30（标准误为0.03）。在受访者中，认为超过一半的党员经常参与其所在村（社区）内的公益事业和义务劳动的占受访者总数的一半以上（1096，50.65%）。这一结果初步表明，阳泉矿区党员参加公益事业和义务劳动的情况整体偏好，但仍有较大提升空间。在进一步推动基层治理现代化的实践中，阳泉矿区应当重视党员参与志愿服务的状况，调动党员参与志愿服务的积极性，充分发挥党员在组织社会方面的先锋模范作用。在阳泉矿区，许多传统工矿小区和村庄都存在转型困难的问题。在这些转型困难的村（社区）中，一个显著的问题就是老年人占村（居）民比例较高，需要获得大量的服务，但村（社区）的资源又不足以供给这样充分的服务。在这种情况下，可以鼓励基层组织党员志愿服务群体，充分发挥不同年龄段党员的积极作用，做到优势互补，为村（社区）提供所需的公共产品，既能满足当下需要，又能在志愿服务的过程中增强基层村（社区）自组织能力，推动村（社区）的有效转型。

在此基础上，我们进一步关注了基层党组织的组织能力短板问题。这是因为，基层党组织是党的基层战斗堡垒，其不是负责某一方面的专业组织，而是具有统领性、涉及各领域、贴近群众具体生活的组织。全面而良好的组织能力，能够最大限度调动群众积极性、动员资源、降低治理成本、提升基层治理转型发展效果。相反，若组织能力存在短板，则会导致党组织难以将工作落到实处，降低党对社会的组织效果，影响党领导下基层治理现代化的有序推进。因此，在问卷中，我们向受访者询问了"您认为，您所在的村（社区）中，党组织的组织能力短板主要在哪一方面"，并基于前期调研结果，设置了"部分党员没有被纳入党支部""党组织的书记缺乏足够权威""党组织内部缺乏足够的考核奖惩机制""许多党员不愿意'亮身份'"四个选项，得到了如表6—6的结果。

表6—6　　　　受访者关于党组织能力短板的评价情况

选项	频数	百分比（%）	累计百分比（%）
部分党员没有被纳入党支部	351	16.22	16.22
党组织的书记缺乏足够权威	387	17.88	34.10
党组织内部缺乏足够的考核奖惩机制	741	34.24	68.34
许多党员不愿意"亮身份"	685	31.65	100.00
总计	2164	100.00	—

注：本表数据为四舍五入所得。

从所得数据中，可以得到如下结论。在四个选项中，"部分党员没有被纳入党支部"这一选项最少被受访者选择（351，16.22%），这意味着阳泉矿区在党员组织关系管理方面取得了相对较好的成绩。在传统单位制社会下，个人流动性较差，党员身份与所在单位紧密相连，党员组织关系管理不存在显著的困难。改革开放以来，单位制解体，个人流动性迅速提升，党员不再长期依附于某一稳定的单位，而是在全国各地流动、在不同企业中供职。因此，党员组织关系管理面临着巨大的困难。在我国，各地通过建立联合党支部、流动党员临时党支部、推动非公有制企业建立党支部等方式初步实现了对流动性较强的党员的初步管理，但是在组织身份确认、支部流动状况等方面存在许多痛点、难点。阳泉矿区作为正在转型发展的传统工矿区，其党员组织身份管理必然面临新的挑战，而数据结果表明，至少就基层社会而言，阳泉矿区党员组织关系管理的状态相对较好。此外，党组织内部缺乏足够的考核奖惩机制和许多党员不愿意"亮身份"也是许多受访者所感受到的。一个组织严密、行动有力的党组织必然是有着明确且行之有效的考核奖惩机制的，而缺乏足够的考核奖惩机制会使党组织易流于形式，降低党组织内部凝聚力，不利于党组织对外发挥领导作用，且往往使党员在脱离充分组织生活的前提下思想走向滑坡。因此，完善考核奖惩机制、建立符合党组织现实需求的奖惩办法，是提升基层党组织治理效能的重要手段。与之相伴随的是，党员不愿意"亮身份"的情况在当下时有发生。这或是因为缺乏充分的理想信念教育，或是缺乏贴近现实且行之有效的组织生活。针对这一情况，应当进一步完善组织生活，积极推动各类党员"亮身份"的活动，将党的组织生活同各类与基层群众密切相关的活动结合起来，让生活中处处存在发挥先锋模范作用的党员，让党的全面领导在各个领域广泛实现。

二　党外组织机制

"党领导一切"不是一个空洞的口号，而是一整套深入中国社会各领域的机制。在内部组织建设的基础上，中国共产党建立了全面覆盖国家与社会的党政体制。其中，对基层社会的领导是党的领导的重中之重。"基础不牢，地动山摇。"[1] 没有对基层社会的有效组织领导，党的全面领导就会缺乏牢固的根基。因此，在党的领导下创新基层组织方式、提升基层组织效能是当代中国基层治理现代化的一个重要论题。不可忽视的是，基层社会治理具有高度的复杂性。基层治理贴近个人生活，最能对个人获得感产生影响；基层问题繁复，对治理能力提出重要挑战；基层治理各方权责关系复杂，不同组织间易于产生矛盾。

---

[1]　习近平：《在基层代表座谈会上的讲话（2020年9月17日）》，人民出版社2020年版，第7页。

在中国，中国共产党是基层社会治理的核心，中国共产党对基层的组织是解决基层复杂问题的关键所在。

"两委"矛盾是我国基层治理中长期存在的矛盾。在基层，如何处理基层党组织和基层自治组织的关系一直都是一个难题。基层自治组织由基层村（居）民选举产生，对基层村（居）民直接负责，但其与基层政府并不处于同一体系内，在处理许多问题时难以与基层政府构成良性互动的工作关系。基层党组织体现了党领导一切的要求，具有政治权威性，且与党政体制下基层政府的党组织保持较为确定且稳固的关系；但就权力关系而言，在选拔任用、具体政策等方面，基层党组织更多受到上级党组织的影响。因此，"两委"之间易于在权责分配、政策确定、正当性来源等方面产生矛盾。针对这一情况，作为解决手段的"一肩挑"在我国广泛存在。"一肩挑"，是指基层党组织书记、基层自治组织主任和集体经济组织的理事长为同一人，以三类组织"一把手"的统一化解基层不同组织之间可能存在的矛盾，理顺基层治理各组织的关系。基于这一状况，我们在问卷中向受访者询问了其所处的村（社区）内"一肩挑"及"两委"矛盾状况，并得到了如图6—3的结果。

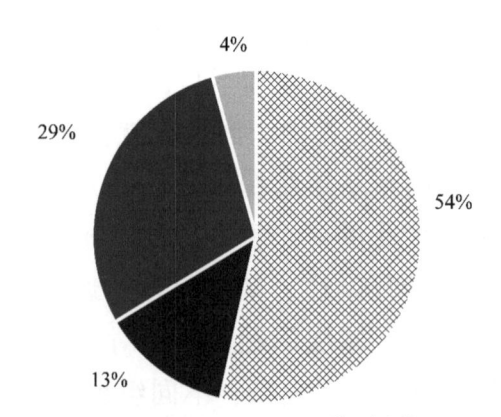

图6—3 受访者关于"一肩挑"及"两委"矛盾的评价情况

基于图6—3，我们至少可以得出以下结论。第一，上述调查数据显示，2/3以上的受访者所在的村（社区）实现了"一肩挑"，这表明阳泉矿区基层"一肩挑"的情况较为普遍。这一结论符合学界普遍认知及本研究前期调研所获得的信息。在我国大多数地方，"一肩挑"是理顺"两委"关系的普遍做法。第二，对于阳泉矿区内村（社区）"两委"矛盾的化解能力而言，"一肩挑"的"两委"矛盾化解优势并未明显体现。从受访者对于本题的选择来看，所在村（社区）为"一肩挑"的受访者（1438）认为存在较明显的"两委"矛盾（280）的比例为19.47%，而所在村（社区）非"一肩挑"的受访者（726）认为存在较明显的"两委"矛盾（93）的比例为12.81%。以"一肩挑"解决"两委"矛盾的逻辑，是通过领导者个人的多重身份属性实现对不同组织的有效整合。但是，这种整合并不能完全解决"两委"矛盾。"两委"领导的重合，并不等同于"两委"班子的重合。在"一肩挑"下，领导者个人固然能够以其双重领导者的身份处理"两委"班子的矛盾，但"两委"班子组成人员不同则同样可能引起"两委"间的矛盾，而"一肩挑"领导对于处理其领导的"两委"班子间矛盾的偏好可能会将这一矛盾放大。此外，"两委"领导的重合并不是一个法定的结果，而是两种不同权力逻辑整合的结果。因此，在实现"一肩挑"的过程中，上级政府、"一肩挑"领导等往往必须积极采取相应措施，以求使党组织书记成为基层自治组织主任或使基层自治组织主任成为党组织书记，而这一过程同样存在引发"两委"矛盾的空间。本次问卷中得到的关于"两委"矛盾的数据是一个有益的提醒，即不能忽视基层治理现代化过程中可能产生的"两委"矛盾，更不能产生"一肩挑"即可一劳永逸化解"两委"矛盾的思想。

近年来，网格化管理是基层治理创新的重要内容。在党中央和国务院的号召下，各地大力推动网格化工作，将网格化作为重塑基层的重要工作,将网格员作为服务群众的重要力量。网格化治理能够促进基层治理精细化,增强基层服务供给的精确性,在新的社会背景下实现对于基层社会的进一步整合。网格化同"政党组织社会"密不可分。这是因为,在网格化管理下,党能够通过密集的网格和大量的网格长、网格员推动其政策的实现,而网格的深入性和精细性能够增强党组织对于基层的影响力。因此,我们在问卷中设置了关于网格化管理的有关内容,向受访者询问"关于您所在网格的网格长,您认为他(她)在履行责任中存在的主要短板是什么",基于前期调研结果设置了"和所在网格的村(居)民不够熟悉""在所在网格没有足够的威信""缺乏足够的工作能力""缺乏使其充分发挥作用的足够权力"四个选项,并得到了如图6—4的结果。

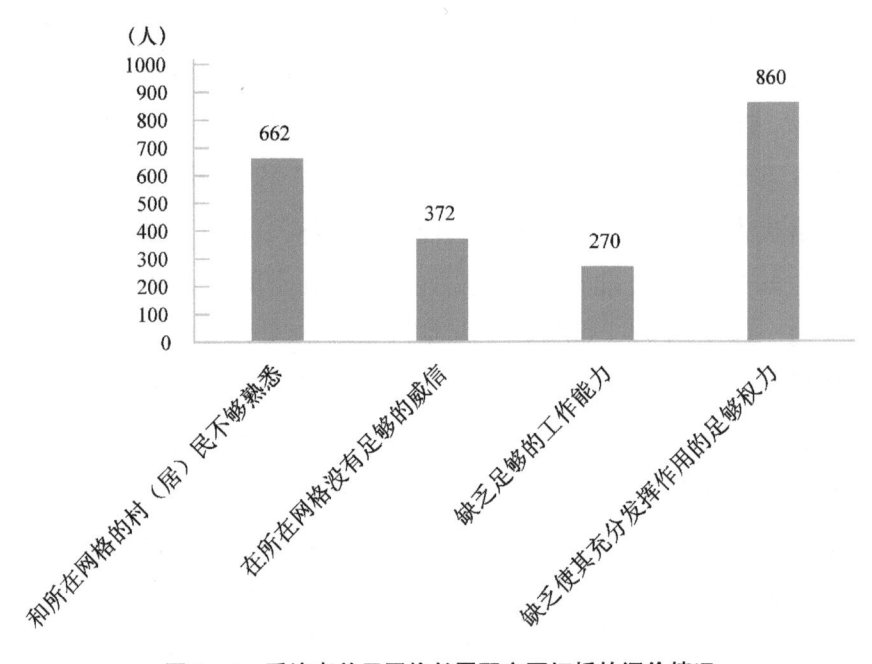

图6—4 受访者关于网格长履职主要短板的评价情况

基于图6—4,可以得到如下结论。第一,在阳泉矿区网格化管理工作中,网格长在工作能力方面整体表现较好。在问卷中，选择"缺乏足够的工作能力"的受访者有270人，占受访者总数的12.48%。对于网格化管理而言，网格长的工作能力直接关系到网格服务效率和基层治理现代化效能，也直接影响基层群众对于基层治理的获得感。因此，加强网格长培训、增强网格长工作能力，是做好网格化管理工作的第一步。第二，在网格长的选任上，应当更加重视其与所在网格的社会联系，并积极采取各种措施增进网格长同网格内村（居）民的关系。在问卷中，30.59%的受访者（662人）认为其网格长的主要工作短板在于"和所在网格的村（居）民不够熟悉"。网格化管理，本质是一种高精细化的基层社会治理，而这一治理有效实现的前提是网格长个人在网格内拥有相对充足的社会资本。这是因为，就理论而言，网格长的职责是服务基层群众，其通常并没有直接干预村（居）民生活的权利，因此其职能的实现依赖充足的社会资本。由此，在网格化管理的未来发展中，必须将网格员社会资本的建立作为重中之重。第三，应当在法律和自治规范的框架下，根据现实需求适度对网格长进行赋权。在问卷中，最多的受访者（860人）认为其网格长的主要工作短板在于"缺乏使其充分发挥作用的足够权力"。在日常工作中，网格长每日面对所在网格各类繁杂问题，但是网格长又往往没有解决这些问题的资源。在实践中，这并不必然意味着要赋予网格长大量权力，而是应当充分理顺权力关系，适度放权，创新工作沟通机制，积极探索基层自治组织和村（居）民对网格长工作的赋能空间。

优秀的组织机制，必然在实践中表现为充分的动员能力。在革命、建设和改革时期，中国共产党始终拥有强大的组织能力，对内民主集中、统一意志，对外激发活力、动员资源。在推进基层治理现代化的进程中，提升党的动员能力有重要意义。基层治理现代化必然要求基层群众的广泛参与，要求基层实现多元共治，要求为基层提供数量更多、质量更优的公共产品。

增强基层群众参与热情,离不开党组织对群众参与公共事务的激励;保障基层多元共治的实现,离不开党组织对于基层治理相关各方的整合和调动;提升基层公共产品数量、质量,离不开上级党组织的资源分配和基层党组织对于基层资源的集中。因此,在问卷中,我们向受访者询问"根据您的亲身经验,您认为,您所在的基层党组织在执行各大项目任务中集中优势力量、充分动员社会资源的能力有多强",并得到了如表6—7的结果。

表6—7　　受访者关于基层党组织动员能力的评价情况

选项	频数	百分比(%)	累计百分比(%)
非常强	680	31.42	31.42
比较强	703	32.49	63.91
一般	690	31.89	95.80
比较弱	50	2.31	98.11
非常弱	41	1.89	100.00
总计	2164	100.00	—

将本题各选项按表内自上而下的顺序分别赋值1—5,并进行相关处理后,则可得到受访者对于基层党组织的动员能力平均评分为2.11(标准误为0.02)。就表内数据而言,认为"集中优势力量、充分动员社会资源的能力""非常强"和"比较强"的受访者占63.91%,近受访者总数的2/3。这一结果表明,受访者普遍较为认同其所在基层党组织的动员能力。在前期调研中,我们注意到良好的党内组织机制往往能够提升党外组织机制的实践质量,增强党组织的动员能力。因此,我们对基层党组织党员参与公共服务状况的问卷数据和本题数据进行了偏相关分析,在对数据中的逆向指标进行相应处理后,得到偏相关系数为-0.32($p<0.001$),即两者呈正相关。这一结果表明,前期调研的认知得到确认。因此,在基层治理现代化过

程中，阳泉矿区应当以党内组织能力带动党外组织能力提升，积极提升党内凝聚力，创新基层动员工作方式，以坚强的党组织推动基层社会资源整合，进一步打开基层多元共治的新局面，在高度激发各方活力的同时保证基层治理的高效率和有序性。

第三节 吸纳机制

在一个政党存在和发展的进程中，高效的政治吸纳是其必须关注的问题。只有一个政党能够广泛且有效的吸纳社会各阶层、各领域的精英参与其中，只有一个政党能够将吸纳来的精英置于恰当的位置，它才能长期保持活力，在重大困难和挑战面前拥有应对的能力。对于中国共产党而言，政治吸纳的意义不仅在于吸纳社会精英、提升治理能力，而且在于广泛代表各方利益，实现对社会各方利益的整合，保证党的领导始终能够获得"最大公约数"的支持。中国共产党的先进性，是实现充分且有效的政治吸纳的前提。因此，在分析"政党组织社会"的前提下，考察阳泉矿区的政党吸纳状况，可以从两个方面切入，即政党先进性和政党吸纳选拔机制。

一 政党先进性

政党先进性，是中国共产党在吸纳社会精英的过程中对外部最重要的吸引力之一。与某些竞争性政党不同，中国共产党对党员和党组织的先进性有着高要求。这是因为，作为一个长期执政的政党，不能保证党的先进性，就不能以政党为中心实现国家与社会的高效发展，就不能维持政党自身的健康发展。只有保证政党的先进性，才能有效提升执政能力，保障各项事业顺利进行，广泛吸引有能力、有理想的社会精英，实现正常的组织发展和成员更替。

政党的先进性不是一个先在的状态，不是一日之功，而是一个必然在长期实践中方得以实现的结果。在基层治理实践中，党应当坚持树立公正、高效、透明的形象，让基层群众在与基层党组织日常接触的过程中感受到党是真正为人民服务的。因此，在问卷调查中，我们要求受访者对基层党组织的相关日常工作进行评价，在考察基层党组织先进性的前提下基于前期调研的相关结果设置了"本地基层党组织党员责任区、示范岗、便民服务岗等线下活动""本地基层党组织党员结对帮扶群众活动""本地基层党组织的线上群众工作平台""本地基层党组织保障群众在公共决策中行使知情权、表达权、监督权"四个评价对象，所得结果如表6—8所示。

表6—8　　　受访者对基层党组织日常工作的评价情况

评价对象	效果明显	效果一般	效果不明显	没有效果	不了解	平均分
本地基层党组织党员责任区、示范岗、便民服务岗等线下活动	829（38.31%）	582（26.89%）	338（15.62%）	103（4.76%）	312（14.42%）	2.30（$s=0.03$）
本地基层党组织党员结对帮扶群众活动	803（37.11%）	602（27.82%）	315（14.56%）	110（5.08%）	334（15.43%）	2.34（$s=0.03$）
本地基层党组织的线上群众工作平台	780（36.04%）	630（29.11%）	306（14.14%）	102（4.71%）	346（15.99%）	2.35（$s=0.03$）
本地基层党组织保障群众在公共决策中行使知情权、表达权、监督权	831（38.40%）	594（27.45%）	289（13.35%）	123（5.68%）	327（15.11%）	2.32（$s=0.03$）

该量表满分为40分，经计算，受访者的各项评价总分平均为9.31分，标准误为0.11。这一结果表明，在受访者的认知中，量表内阳泉矿区基层党组织的相关日常工作是产生了一定效果的。但是，不容忽视的是，此类工作的质量仍亟待提升。量表内列出的工作，与党对外展现的先进性密切相关。党员责任区、示范岗、便民服务岗等与基层群众日常生活极为贴近，能够在与其他岗位的对比中凸显党员及党组织的先进性；党员结对帮扶群众活动具有兜底属性，其活动质量与困难群众生活直接相关，而困难群众生活质量的提升是普通群众极易感受到的；线上群众工作平台能够便利群众反映意见，让群众在意见反馈的过程中感受到党对群众负责的态度；在公共决策中对群众知情权、表达权、监督权的保障，是党组织遵纪守法、依靠群众的重要体现，也是基层治理现代化的重要环节。因此，在未来发展中，阳泉矿区应当加大相关工作力度，在着力打造基层服务品牌的同时注重提升服务综合效率，重点加强党员干部在与基层群众日常生活接近的工作中的引领作用。此外，阳泉矿区应当高度重视基层法治化建设，坚持基层党组织和党员带头遵守法律、尊重法治，保障群众日常生活和参与公共事务的相关权利，让党组织成为基层群众权利保障的核心、基层法治化的关键动力。

但是，在基层实践中，如何有效提升群众对于党的先进性的感知是一个难题。提升基层群众对于党的先进性的感知是一个抽象且持久的过程，不是任何一种简单的宣传即可实现的。如果没有行之有效的措施，仅仅将精力集中于打造宣传品牌、应对上级检查，则会极大影响群众心目中党组织的形象。在基层，"两张皮"现象不仅是一个党内的问题，而且同样是一个党外的问题。然而，基层工作的困难之处在于，基层干部在事实上必须面对来自群众和来自上级的各项复杂甚至繁重的工作，但基层所能调用的资源是极其有限的。对于行政村而言，集体经济是一个相对可靠的资源来源；但是对于社区而言，其可以获取并使用的资源更加有限。在阳泉矿区，工矿企业的企业办社会移交是基层社会治理的重要问题；传统体制下，基层社区的一切资源都由企业提供，而基层群众也因此在实际上获得了大量福利。然而，在传统体制解体的情况下，以新的治理逻辑运行的基层社区不仅不能从企业中获取资源，而且会因为单位制下企业曾为基层群众提供大量福利而自身提供不了难以从群众当中获取认同。因此，基层社区就必然需要在不同任务目标之间进行选择，调动有限资源完成尽可能多的任务。由此，如何提升群众对于党组织先进性的感知就成了一个易于流于形式的问题，而促进公共生活发展是一个可供参考的政策抓手。

"政党组织社会"，其立足点在于对传统社会的重新组织，而一个组织良好的社会必然是具有良好公共生活的，必然是具有相应自我服务、自我治理能力的。因此，动员基层群众参与公共生活，推动基层自我服务、自我治理能力提升，是"政党组织社会"必然遵循的做法。对于缺乏资源的基层社区而言，这一做法又恰恰是具有显著性价比的。通过对公共生活的促进，基层党组织能够以较低的成本实现有效治理，而在实现有效治理的过程中基层党组织的先进性得以全面体现。基于这一原因，在问卷中，我们向受访者询问了其参与志愿服务和村（社区）组织公共活动的状况，并得到了如表6—9和表6—10的结果。

表6—9　　　　　　　　　受访者参与志愿服务情况

选项	频数	百分比（%）	累计百分比（%）
从未参加过	666	30.78	30.78
1—4次	911	42.10	72.88
5—12次	319	14.74	87.62
12次以上	268	12.38	100.00
总计	2164	100.00	—

表6—10 受访者参与公共活动情况

选项	频数	百分比（%）	累计百分比（%）
从未参加过	865	39.97	39.97
1—4次	835	38.59	78.56
5—12次	279	12.89	91.45
12次以上	185	8.55	100.00
总计	2164	100.00	—

将上述两个表的数据相加，并基于参加次数对所得结果进行分类，可将受访者参与公共生活的情况分为高度参与、中度参与和低度参与三个级别。其中，高度参与表示受访者参与两类活动中至少一类活动的平均次数高于每月一次，而低度参与则表示受访者从未参加过两类活动中的某一类活动且参与另一类活动的平均次数低于每季度一次。在数据处理所得结果中，高度参与者239人，占受访者总数的11.04%；中度参与者1023人，占受访者总数的47.27%；低度参与者902人，占受访者总数的41.68%。这一结果初步表明，就整体而言，阳泉矿区基层群众参与公共生活的状况有待提升。

在此基础上，我们对受访者参与公共生活的状况和受访者对基层党组织日常工作评价的情况进行了一元单因素方差分析，得到 $F = 247.91$ 且 p 值小于 0.001。这一结果表明，参与公共生活状况不同的受访者对基层党组织日常工作的评价差异显著。进一步考察一元单因素方差分析结果，得到各项均值差均小于0且 p 值均小于 0.001。这一结果初步表明，更频繁参加公共生活的受访者，对于基层党组织日常工作普遍具有更高的评价。因此，在基层治理现代化过程中，阳泉矿区应当积极鼓励基层群众参与公共生活，提升公共生活质量和群众的获得感，以构建良好的公共生活推进基层治理现代化，让群众在有序、有效地参与公共生活的进程中感受到党组织为人民服务的真实性。只有让党组织为人民服务的真实性成为普遍的社会共识，党才能够让最大多数的群众团结在其周围，才能够有效吸纳有利于党组织健康发展的精英进入党内，使党始终保持活力。

二 政党吸纳选拔机制

吸纳新党员，是政党吸纳机制中最重要的一环。在使命型政党中，每一名党员都关乎政党自身的整体形象，关乎党外群众对于政党的观感。如何吸纳新党员、从何种群体中吸纳新党员、吸纳新党员的标准是什么，都与政治吸纳的最终效果密切相关。其中，吸纳新党员的标准最具有普遍性意义。对于一个使命型政党来说，吸纳新党员的标准不仅关乎政党自身成员更新的健康发展，也会影响群众对该政党的具体认知。然而，吸纳新党员是一个复杂的过程。即使党已经出台大量文件对吸纳新党员的标准进行规范，但在实践中对新党员的吸纳仍然是基于多种复杂且难以测量的考量的。由此，在问卷中，我们关注受访者对吸纳新党员标准的认知。这是因为，对于吸纳新党员标准的认知，直接关乎党自身形象的树立，直接关乎群众对于党组织、党员个人及党日常工作的态度。因此，我们在问卷中设置了关于村（社区）发展党员影响因素重要性的量表供受访者打分，并得到了如表6—11的结果。

表6—11　　　　受访者对发展党员影响因素的评价情况

发展党员的影响因素	非常不重要	不重要	一般	重要	非常重要	平均分
被发展对象的个人能力	97 (4.48%)	44 (2.03%)	368 (17.01%)	669 (30.91%)	986 (45.56%)	4.11 ($s=0.02$)
被发展对象的宗族背景	136 (6.28%)	219 (10.12%)	554 (25.60%)	605 (27.96%)	650 (30.34%)	3.65 ($s=0.03$)

续表

发展党员的影响因素	非常不重要	不重要	一般	重要	非常重要	平均分
被发展对象对本村（社区）所做出的贡献大小	95 (4.39%)	57 (2.63%)	414 (19.13%)	783 (36.18%)	815 (37.66%)	4.00 ($s=0.02$)
被发展对象的政治背景	106 (4.90%)	110 (5.08%)	459 (21.21%)	668 (30.87%)	821 (37.94%)	3.92 ($s=0.02$)
被发展对象的学历水平	88 (4.07%)	179 (8.27%)	614 (28.37%)	747 (34.52%)	536 (24.77%)	3.68 ($s=0.02$)
被发展对象的经济实力	146 (6.75%)	395 (18.25%)	794 (36.69%)	411 (18.99%)	418 (19.32%)	3.26 ($s=0.02$)
被发展对象的年龄	105 (4.85%)	334 (15.43%)	704 (32.53%)	578 (26.71%)	443 (20.47%)	3.43 ($s=0.02$)

在该量表中，"被发展对象的个人能力"和"被发展对象对本村（社区）所做出的贡献大小"的平均评分分别处于第一和第二位，这表明，受访者总体倾向于认为其所在村（社区）发展党员时注重实际。此外，"被发展对象的经济实力"在各影响因素中所得评分最低，这表明受访者普遍认为其所在村（社区）党员的发展是一个相对而言不被个人利益干扰的过程，同时基层党组织对于党员的需求也并非专注于其经济实力，而是综合素质。在此基础上，我们考察了各影响因素评分之间的相关关系，以求进一步理解受访者对于发展党员影响因素的认知，并尝试从侧面得出阳泉矿区基层党组织在发展当中的某些实践特征，所得结果如表6—12所示。

表6—12　　　各发展党员影响因素的偏相关分析结果

	个人能力	宗族背景	贡献大小	政治背景	学历水平	经济实力	年龄
个人能力	1.0000						
宗族背景	0.5740	1.0000					
	0.0000						
贡献大小	0.7780	0.5857	1.0000				
	0.0000	0.0000					
政治背景	0.6576	0.7173	0.6872	1.0000			
	0.0000	0.0000	0.0000				
学历水平	0.5172	0.5041	0.5540	0.5384	1.0000		
	0.0000	0.0000	0.0000	0.0000			
经济实力	0.3024	0.4819	0.3760	0.4274	0.6541	1.0000	
	0.0000	0.0000	0.0000	0.0000	0.0000		
年龄	0.4003	0.4756	0.4628	0.4698	0.7089	0.7184	1.0000
	0.0000	0.0000	0.0000	0.0000	0.0000	0.0000	

从表6—12中，可以至少得出以下几个结论。第一，各要素间的偏相关系数均大于0.3，且 p 值均小于0.001，即各要素之间均呈现正相关。这意味着对于受访者而言，能够被党组织吸纳的新党员必然是具备多方面综合优势因素的，且不同优势因素之间整体呈现为相互促进的关系。第二，在各要素间的偏相关系数中，"经济实力"同"个人能力"之间的偏相关系数最小，且前者与其他偏相关系数存在较大差距。这一结果表明，对于受访者而言，新发展党员的个人能力同其经济实力的联系并不强，且发展党员所注重的党员个人能力也并不等同于其个人获取经济收入的能力。第三，在各要素间的偏相关系数中，"个人能力"同"贡献大小"之间的偏相关系数最大，且前者与其他偏相关系数存在较大差距。这一结果表明，对于受访者而言，新发展党员的个人能力与新发展党员对村（社区）的贡献二者密不可分，发展新党员所关注的个人能力主要是从为村

（社区）服务当中体现出来的。

选拔晋升机制是党内政治吸纳能力的又一体现。一个拥有良好政治吸纳能力的政党，不仅能够从各领域、各层次广泛地吸纳有助于党组织发展的精英加入，而且能够在党员中选拔合适的人才，做到人尽其能。对于村（社区）党组织而言，党支部书记具有关键作用。党支部书记不仅需要在工作中贯彻党的领导方针，领导党的基层组织，还往往身兼多职，在实践中承担自治组织和集体经济组织的相关领导工作。由此，基层党组织的党支部书记必须在基层治理实践中充分沟通各方，有效对接各类需求，承接职能部门、政府组织的日常性或动员性要求，在自治组织和经济组织之间发挥化解冲突、推动发展的积极作用，并在同基层群众的充分接触中增强其获得感。因此，我们在问卷中向受访者询问"您认为，在实践中，您所居住的村（社区）党支部书记当选最重要的因素是什么"，根据前期调研情况和学术经验设置了"经济实力""家族支持""上级认可""政治可靠""人品道德""个人能力"六个备选项，并得到了如表6—13的结果。

表6—13　　受访者对党支部书记当选影响因素的评价情况

当选因素	频数	百分比（%）	累计百分比（%）
经济实力	191	8.83	8.83
家族支持	60	2.77	11.60
上级认可	260	12.01	23.61
政治可靠	330	15.25	38.86
人品道德	657	30.36	69.22
个人能力	666	30.78	100.00
总计	2164	100.00	—

从表6—13可以得出，对于受访者而言，其所居住的村（社区）党支部书记当选最重要的影响因素是"个人能力"

（666，30.78%），其次是"人品道德"（657，30.36%），受访者认可最少的当选影响因素是"家族支持"（60，2.77%）。基于不同影响因素之间的内在联系，我们将六个备选项分为三类，即个人因素（包括"人品道德"和"个人能力"）、组织因素（包括"上级认可"和"政治可靠"）和资源因素（包括"经济实力"和"家族支持"）。个人因素，是指一名党支部书记当选的主要原因是其拥有较突出的个人素质，包括较高的道德水平和较强的工作能力两方面因素。组织因素，是指一名党支部书记当选的主要原因是组织安排，即与上级组织的关系在党支部书记当选中发挥着主要作用。资源因素，是指一名党支部书记当选的主要原因是其拥有外在于个人和组织体系的若干资源，例如其拥有相对较强的经济实力，或其拥有结构完善且关系紧密的宗族关系网络。该分类所得结果如表6—14所示。

表6—14　受访者认为其所在村（社区）党支部书记当选的最重要因素（三类因素）统计情况

当选因素类型	频数	百分比（%）	累计百分比（%）
个人因素	1323	61.14	61.14
组织因素	590	27.26	88.40
资源因素	251	11.60	100.00
总计	2164	100.00	—

由表6—14可知，半数以上（61.14%）的受访者认为个人因素是党支部书记当选的最重要因素，明显多于认为其他两类因素是党支部书记当选的最重要因素的受访者。这表明，对于受访者整体而言，与其关系最紧密的党组织的支部书记普遍具有相对较高的个人道德水平和相对较强的个人工作能力；与此同理，这同样可以从侧面表明阳泉矿区党委高度关注基层党支部书记的道德水平和工作能力，在党支部书记任用和管理方面

的工作成绩相对突出。在未来发展中,阳泉矿区应当高度重视基层党组织干部选拔任用工作,立足村(社区)基层治理现代化发展的现实需求,因地制宜,分类施策,严格管理,让优秀的基层党组织干部成为基层党组织发挥作用的"主心骨"和"强心剂"。

第四节 服务机制

提供作为公共产品的服务,是"政党组织社会"的必然要求,也是政党实现全方位领导的必然要求。对于传统单位制社会而言,政党直接关乎其社会生活的各个领域。个人被完全整合在单位体制下,基层社会由一个个单位组成,个人生存和发展的一切因素和各个阶段都与政党息息相关。这一过程是一个提供服务的过程,但同时也是一个具有显著强制性的过程。在单位制解体之后,随着资源来源的多样化和个人自由选择权的增加,政党无法再采取强制性手段整合个人,也无法依托组织严密的单位。因此,政党在组织社会的过程中,必然需要采取种种方式直接或间接对天然具有自由自主属性的基层社区进行有效管理,并同时采取种种措施增强政党本身对于基层社会内个人的吸引力,而政党向基层社会提供服务的意义就在于此。在提供服务的过程中,政党不仅能够直接增强自身对于群众的吸引力,而且能够在提供公共产品的过程中通过调整公共产品种类和内容,促进基层治理体系转型,将更多基层群众纳入政党得以实现有效治理的结构中。在实践中,基层治理是一个具有高度复杂性的综合治理过程,是一个工作对象集中于基层群众日常生活全阶段的过程。因此,考察政党何以在基层治理中提供服务,就必须着眼于基层治理整体状况,关注政党直接提供的公共产品,并在此基础上考察基层治理整体效能。

一 政党提供公共产品

在基层治理中，政党自身直接提供的公共产品，能够直接影响基层群众对党组织的感知。高质量的公共产品，不仅能有效提升基层群众对于党组织的信任和拥护，而且能够在提升基层群众获得感的基础上促进基层社会的进一步组织化。阳泉矿区是一个传统的工矿区，其内部存在大量传统企业办社会转型后建立的社区。对于这些社区而言，企业已经不可能继续为其提供有效的公共产品，而公共产品的缺乏正是企业办社会转型的痛点和难点。在这一前提下，党提供的公共产品能够迅速补充企业办社会转型中的相应缺位，有效化解转型过程中可能产生的矛盾，推动基层治理现代化的实现。

在党能够为基层社会提供的公共产品中，矛盾纠纷处理是其中具有典型意义的一项内容。改革开放后，过去"分化程度较低、分化速度缓慢、具较强同质性"[①] 的中国社会逐渐向着多元差异、自主性突出的状态发展，而利益分化下社会矛盾的凸显就成了转型时期亟待解决的问题。矛盾纠纷处理，是一个并不需要大量经济成本的过程，却是一个与社会资本和个人经验高度相关的过程。对于村（社区）党组织而言，其往往由于社会转型和区位等因素而缺乏足够的经济资源，但其通常拥有传统企业办社会和乡村熟人社会留下的大量拥有高度公共服务热情和社会资本的村（社区）成员，因此以矛盾纠纷处理作为党向基层提供服务的抓手，既具有重要意义，又具有高度可行性。基于此，我们在问卷中加入量表，让受访者对与党组织处理社会矛盾相关的正面倾向表述进行打分，并设置了四种正向表述即"当人们内部发生矛盾冲突时，党组织是化解问题的主要主

---

① 孙立平、王汉生、王思斌、林彬、杨善华：《改革以来中国社会结构的变迁》，《中国社会科学》1994 年第 2 期。

体""党组织可以公平、公正地处理矛盾和冲突""党组织可以有效地化解矛盾和冲突""对于党组织的解决方法,人们是认同和支持的",而最终数据结果如表6—15所示。

表6—15 受访者关于党组织处理矛盾正面倾向表述的评价情况

矛盾处理相关证正面表述	非常不同意	比较不同意	一般	比较同意	非常同意	平均分
当人们内部发生矛盾冲突时,党组织是化解问题的主要主体	87 (4.02%)	66 (3.05%)	603 (37.87%)	683 (31.56%)	725 (33.50%)	3.87 ($s=0.02$)
党组织可以公平、公正地处理矛盾和冲突	84 (3.88%)	62 (2.87%)	600 (27.73%)	683 (31.56%)	735 (33.96%)	3.89 ($s=0.02$)
党组织可以有效地化解矛盾和冲突	80 (3.70%)	59 (2.73%)	637 (29.44%)	675 (31.19%)	713 (32.95%)	3.87 ($s=0.02$)
对于党组织的解决方法,人们是认同和支持的	79 (3.65%)	55 (2.54%)	618 (28.56%)	689 (31.84%)	723 (33.71%)	3.89 ($s=0.02$)

该量表总分为20分,受访者评价平均分为15.52,标准误为0.08。这一结果表明,受访者整体对于党组织处理矛盾的效能较为满意。在此基础上,我们对受访者的政治面貌同该量表的评价总分进行了一元单因素方差分析,得到$F=10.55$且$p<0.01$,这一结果表明,不同政治面貌受访者之间对于党组织处理矛盾的正面倾向表述平均评分存在显著差异。在各项均值差中,"中共党员"和"群众或其他"的均值差达到了-0.81且$p<0.001$。这一结果表明,政治面貌为"中共党员"的受访者

与政治面貌为"群众或其他"的受访者对于党组织处理矛盾的正面倾向表述平均评分存在显著差异,且政治面貌为"中共党员"的受访者对于该量表的评分平均比政治面貌为"群众或其他"的受访者的评分高 0.81。这一结果表明,在向基层提供作为公共产品的服务的过程中,党组织必须坚持发挥党员的模范带头作用,坚持以党员带动群众,同时注重吸收群众意见,保障党组织所提供的服务真正具有高质量,真正贴近群众需求。

二 基层治理效能

对于"政党组织社会"框架下的服务机制而言,基层治理效能具有整体性意义。党组织是基层治理的领导核心,基层治理的状况直接关乎群众对于党组织的认知和认同。基层治理的复杂性,要求基层党组织不能偏重某一方面,而是必须全面发展,以综合且高效的治理能力促进基层治理现代化,在实现有效的基层治理过程中提升人民的获得感。也就是说,考察党的服务机制状况就必须全面考察基层治理效能,而对基层治理效能的考察不能离开对群众关于基层治理效能的认知和认同的全面考察。因此,在问卷中,我们设置了相应量表,让受访者对与基层治理效能相关的正面倾向表述进行打分。在这一量表中,我们加入了以下有关基层治理效能的正面倾向表述,即"居住在这个村(社区),生活很便利""我很认可这个村(社区)的管理水平""这个村(社区)的党建工作做得很好、很实际""居住在这个村(社区)符合我们家庭的需求""我居住的村(社区)对我有特殊的情感意义""村(社区)让我有家一样的感觉""我很在意别人对自己村(社区)的看法""与其他地方相比,这里的村(社区)环境条件令人满意",所得结果如表6—16所示。

表6—16　受访者关于基层治理效能正面倾向表述的评价情况

正面倾向表述	完全不符合	比较不符合	有点不符合	有点符合	比较符合	完全符合	平均得分
居住在这个村（社区），生活很便利	107 (4.94%)	101 (4.67%)	169 (7.81%)	421 (19.45%)	674 (31.35%)	692 (31.98%)	4.63 ($s=0.03$)
我很认可这个村（社区）的管理水平	113 (5.22%)	91 (4.21%)	172 (7.95%)	462 (21.35%)	661 (30.55%)	665 (30.73%)	4.60 ($s=0.03$)
这个村（社区）的党建工作做得很好、很实际	106 (4.90%)	91 (4.21%)	167 (7.72%)	473 (21.86%)	653 (30.18%)	674 (31.15%)	4.61 ($s=0.03$)
居住在这个村（社区）符合我们家庭的需求	95 (4.39%)	86 (3.97%)	180 (8.32%)	478 (22.09%)	664 (30.68%)	661 (30.55%)	4.62 ($s=0.03$)
我居住的村（社区）对我有特殊的情感意义	106 (4.90%)	91 (4.21%)	193 (8.92%)	497 (22.97%)	625 (28.88%)	652 (30.13%)	4.57 ($s=0.03$)
村（社区）让我有家一样的感觉	128 (5.91%)	94 (4.34%)	226 (10.44%)	502 (23.20%)	559 (25.83%)	655 (30.27%)	4.49 ($s=0.03$)
我很在意别人对自己村（社区）的看法	97 (4.48%)	86 (3.97%)	202 (9.33%)	515 (23.80%)	605 (27.96%)	659 (30.45%)	4.58 ($s=0.03$)
与其他地方相比，这里的村（社区）环境条件令人满意	129 (5.96%)	95 (4.39%)	210 (9.70%)	457 (21.12%)	605 (27.96%)	668 (30.87%)	4.53 ($s=0.02$)

该量表满分为48分，受访者评价平均分为36.65分，标准误为0.21。这表明，受访者普遍对其所居住的村（社区）的基

层治理效能有较好评价。为进一步考察这一量表所反映的数据结果，我们对这一量表的内容进行了拆分，将其分为功能表述和情感表述两类表述。功能表述包括本量表的第一、二、三和八项表述，其内容是受访者个人对于所在村（社区）治理功能实现情况的态度，其具有一定客观性；情感表述包括本量表的第四、五、六和七项表述，其内容是受访者个人对于所在村（社区）的情感认知和态度，其主观性相对较强。两类表述的满分均为 24 分。统计结果表明，功能表述平均得分为 18.38 分（标准误 = 0.11），情感表述平均得分为 18.27（标准误 = 0.11）。对功能表述和情感表述进行 t 检验，t 检验结果为 $t = 0.7162$（$p > 0.05$），即证明两者平均得分差异不显著。这一结果表明，受访者对其所在的村（社区）的治理功能和情感态度相对均衡。在未来发展中，阳泉矿区应当进一步协同推进基层治理的均衡有序发展，让群众在基层治理效能提升中有更多获得感。

在此基础上，为进一步考察阳泉矿区基层治理效能状况，我们在问卷中加入了一个基层治理认同消极倾向量表，在这一量表中列出有关基层治理认同的若干项负面倾向表述，并让受访者对这些表述进行打分。在量表中，我们列出了十三项负面倾向的表述，即"干部和群众关系紧张""党员越来越发挥不了模范引领作用""贫富差距越来越大""违法犯罪越来越多""经济纠纷越来越多""村民（社区居民）越来越自私了""村（社区）里年轻人越来越少""赡养老人的越来越少""村（社区）里生存环境越来越差""社会治安越来越差""社会风气越来越差""村（社区）里公共文化生活越来越少""在村（社区）里住的人越来越少"，并得到了如表 6—17 的结果。

第六章 "政党组织社会"的阳泉矿区实践：基于调查数据的检验

表6-17 受访者关于基层治理效能负面倾向表述的评价情况

负面倾向表述	非常不同意	不同意	有点不同意	一般	有点同意	同意	非常同意	平均得分
干部和群众关系紧张	381 (17.61%)	434 (20.06%)	135 (6.24%)	751 (34.70%)	94 (4.34%)	171 (7.90%)	198 (9.15%)	3.48 (s=0.04)
党员越来越发挥不了模范引领作用	372 (17.19%)	433 (20.01%)	179 (8.27%)	566 (26.16%)	193 (8.92%)	198 (9.15%)	223 (10.30%)	3.58 (s=0.04)
贫富差距越来越大	290 (13.40%)	269 (12.43%)	102 (4.71%)	513 (23.71%)	211 (9.75%)	369 (17.05%)	410 (18.95%)	4.30 (s=0.04)
违法犯罪越来越多	504 (23.29%)	548 (25.32%)	181 (8.36%)	553 (25.55%)	86 (3.97%)	133 (6.15%)	159 (7.35%)	3.09 (s=0.04)
经济纠纷越来越多	387 (17.88%)	469 (21.87%)	141 (6.52%)	638 (29.48%)	146 (6.75%)	202 (9.33%)	181 (8.36%)	3.47 (s=0.04)
村民（社区居民）越来越自私了	371 (17.14%)	423 (19.55%)	150 (6.93%)	571 (26.39%)	184 (8.50%)	250 (11.55%)	215 (9.94%)	3.64 (s=0.04)
村（社区）里年轻人越来越少	283 (13.08%)	275 (12.71%)	102 (4.71%)	515 (23.80%)	226 (10.44%)	466 (21.53%)	297 (13.72%)	4.25 (s=0.04)
赡养老人的人越来越少	380 (17.56%)	438 (20.24%)	177 (8.18%)	580 (26.80%)	182 (8.41%)	217 (10.03%)	190 (8.78%)	3.53 (s=0.04)
村（社区）里生存环境越来越差	433 (20.01%)	473 (21.86%)	177 (8.18%)	621 (28.70%)	126 (5.82%)	164 (7.58%)	170 (7.86%)	3.33 (s=0.04)
社会治安越来越差	482 (22.27%)	548 (25.32%)	221 (10.21%)	574 (26.52%)	86 (3.97%)	114 (5.27%)	139 (6.42%)	3.06 (s=0.04)
社会风气越来越差	459 (21.21%)	512 (23.66%)	177 (8.18%)	565 (26.11%)	126 (5.82%)	158 (7.30%)	167 (7.72%)	3.24 (s=0.04)
村（社区）里公共文化生活越来越少	396 (18.30%)	386 (17.84%)	158 (7.30%)	629 (29.07%)	156 (7.21%)	241 (11.14%)	198 (9.15%)	3.59 (s=0.04)
在村（社区）里住的人越来越少	358 (16.54%)	377 (17.42%)	147 (6.79%)	640 (29.57%)	169 (7.81%)	262 (12.11%)	211 (9.75%)	3.70 (s=0.04)

该量表满分为 81 分,受访者评价平均分为 46.29 分,标准误为 0.45。这一数据结果表明,受访者对关于基层治理认同的负面倾向表述总体较不同意。考察量表内每一项负面倾向表述所得到的评分,可以得到以下结论。第一,受访者对社会治安状况普遍相对满意。在负面倾向表述量表的各项数据结果中,"社会治安越来越差"和"违法犯罪越来越多"的得分分别为 3.06 分和 3.09 分,分别排末尾和次末尾。这表明,阳泉矿区在基层社会治安工作方面的成绩较为优异,人民群众具有较高的安全感。第二,受访者对于贫富差距的意见较为明显。在负面倾向表述量表的各项数据结果中,"贫富差距越来越大"的得分为 4.30 分,表明受访者整体感知到贫富差距正在增大,且该表述在量表中得分最高。因此,在基层治理现代化建设过程中,必须关注低收入群体的经济状况,加强兜底性福利保障制度,完善普惠性福利政策,着力保障机会公平,避免贫富差距问题成为基层治理获得感的短板。

第五节　数据检验概括

在"政党组织社会"的过程中,党能够基于其良好的政治生态和具有吸引力的宣传凝聚共识,直接或间接地影响深入社会各领域、各层次的相关组织和个人并从中获得重组社会的资源,在保障政党健康发展、提升社会治理能力的要求下有序完成政党的政治吸纳和人才选拔过程,为广大的基层群众提供贴近生活、具有实效的全方位服务。就基层治理现代化的实践而言,"政党组织社会"的过程也就是基层治理现代化进一步推进的过程。这是因为,在社会转型的前提下,党不能再通过以单位制为代表的传统方式组织社会,而是必须基于日益多元化的社会现实实现对于社会的再组织,但要实现有利于国家和社会长期发展的社会再组织,党就必须立足于基层治理现代化的逻辑，在基层治理中顺应多元化发展趋势，推进基层社会有效自我组织、自我服务，并在这一过程中为政党自身的发展提供不竭动力。对阳泉矿区"政党组织社会"状况的数据检验，也正是基于这一逻辑进路展开的。

在政治机制方面，阳泉矿区的党组织普遍建立了正气充盈、担当作为的良好政治生态氛围，得到群众的认同。矿区党组织采取多种手段推进政治宣传工作，党员干部普遍高度重视宣传工作的开展，政治宣传普及工作成效相对较好。良好的政治宣传工作能够提高群众对于基层党组织政治生态的认知，而这一现状为丰富宣传内容、创新宣传手段、注重宣传和现实生活贴近等方面的工作提出了更高水平的要求。

在组织机制方面，必须高度重视党内组织机制和党外组织机制的发展健全。对于基层而言，党员参与基层志愿服务不仅有助于党员个人理想信念的培养、推动组织生活实效化，而且能够对基层群众起到良好的带动作用，实现对社会的有效组织。在转型过程中，村和社区必然存在资源不足、"两委"矛盾偶发、网格工作能力不足等情况，而要解决这些问题，就必须充分激发基层群众参与基层治理的热情，鼓励基层群众参与基层各项事务，建立正当合理的党员奖惩机制，让敢于"亮身份"的党员在日常生活中成为群众的带头人，同时也尽可能补齐各类资源，让基层治理的组织者、参与者拥有提升治理效能所必需的资源。

在吸纳机制方面，党的先进性是吸纳有利于党健康发展的精英的最大吸引力。党的先进性的展现，来自党组织和党员的日常实践过程，来自与党外群众接触时所呈现的理想信念和工作能力。一个展现出高度先进性的党，必然是一个为人民服务的党，也必然是一个能够吸引并发动群众的党。在注重实际的政治吸纳的基础上，党还必须高度重视党内成员的选拔晋升机制，让真正能为人民办事、想为人民办事的党员进入党组织的领导岗位。这不仅是党组织自身健康发展的要求，也是治理现代化的要求。

在服务机制方面，党在基层社会提供了广泛的各类服务。党不仅基于党组织本身直接提供某项服务，而且党组织在基层治理中的关键地位也为党提供服务提供了有力渠道。基层治理现代化离不开党，而党的组织必然需要在基层治理现代化的过程中提升党组织自身的能力。只有充分提升基层群众的获得感，基层党组织才能获得最大程度的拥护，而在治理实践的当下发展中，做好兜底保障工作、促进社会公平是党组织提供作为公共产品的服务的关键所在。

由此，在基于调查数据的检验中，"政党组织社会"的阳泉矿区实践至少可以提供如下可供一般性参考的治理经验。第一，必须注重建立风清气正、民主集中、健康向上的基层党组织氛围和政治生态，以健康的党组织推动"政党组织社会"工作的有序展开。第二，应当积极鼓励群众参与基层治理，在党员带头发挥作用下大力推动基层群众的自我服务、自我管理，不回避基层治理中可能产生的各种问题，着力在法治框架下化解基层治理过程中可能存在的矛盾。第三，应当高度重视党组织的先进性建设工作，严把入党关、晋升关，关注党员和基层党组织在日常生活环境下对党的先进性的呈现，以此在日常实践中增强群众对于党组织的拥护和信任。第四，要大力完善基层服务体系建设，因地制宜利用基层资源，提升基层党组织的服务能力，强化基层党组织在基层治理中的形象，重视基层治理中群众对于公平正义的要求，让基层党组织在服务基层群众中实现对于社会的有效组织。

第七章　社区重构：阳泉矿区个案的治理意义

理解阳泉矿区的社区重构，需要理解中国的政党中心主义治理模式。换言之，政党中心主义能够解释中国的治理实践，亦即中国共产党通过组织的核心凝聚力，使党组织深深嵌入/融入国家和社会之中，确立牢固的政治领导和组织领导地位，最终实现以党建为中心的社会组织格局和社会动员模式。

就国家与社会关系而言，党组织的核心部分进入国家公权力结构，但还有相当的部分处于国家公权力结构之外。亦即，政党部分进入国家机构，与此同时，党又在国家机构之外保持自身的相对独立性，从而形成两套相互重叠但又不完全重合的科层等级组织。所以，所谓"政党主导型国家体制"，其关键要旨在于："政党在国家中"只是它的部分状态，事实上它同时也在社会之中。

另外，对政党组织和引领社会治理这一中国地方（基层）治理中最为核心的一种模式，或者说这一中国存在的"事实上的政党中心主义"治理模式，近些年来虽有一些理论上的探讨，① 但总体

---

① 2016年5月17日，习近平总书记主持召开全国哲学社会科学工作座谈会，提出建设中国自主性的哲学社会科学。之后，相关领域的研究院所及学者专注于从历史制度变迁与现实政治发展经验当中，确立中国特色或有中国自主性的政治学概念范畴或理论体系，但至今还处于学理层次的论辩之中。

上看，还处在概念范畴的建构和理论体系的探索阶段，并没有一个基于实证经验研究的，全面、系统、完整的个案阐述、概括和实证分析。

阳泉矿区社区重构的探索，具备了中国的政党领导和引领社会治理这一模式的所有特征。改革开放至今，作为一种"政党中心主义"（相对于"社会中心主义"和"国家中心主义"而言）的治理模式，① 阳泉矿区从传统的单位制向现代社区制转型，以党建引领基层治理创新，大力推动基层社区治理体系的现代建构和治理能力提升，特别是党的十八大以来，阳泉矿区社区治理以党的组织力建设为中心，以党的组织体系建设为重点，全方位推进政府治理与社会治理体系和治理能力现代化，其丰富多样的治理创新经验对中国特色的国家治理理论发展和新时代中国社会治理实践具有较大的理论价值和政策价值。因此，阳泉矿区重塑基层社区的实践探索，对中国的国家治理现代化（即政党主导的治理现代化）尤其是改革开放40多年来的国家治理经验的总结和提炼，就具有了中国特色的"政党中心主义"治理模式的理论建构意义和实践意义。

第一节 以政党为中心的社区重构

在政党主导型的体制中，政党与国家融为一体，政党既在国家中，也同时在社会中。因此，政党如何领导和引领基层社

---

① 近些年来，一些学者基于中国的实践经验系统而明确地阐述了以政党为中心的治理理论，例如，"制度变迁中的'政党中心论'"（参见杨光斌《政治变迁中的国家与制度》，中央编译出版社2011年版，第182—219页）、"将政党带进来"（参见景跃进《将政党带进来——国家与社会关系范畴的反思与重构》，《探索与争鸣》2019年第8期）、"政党中心的国家治理"（参见郭定平《政党中心的国家治理：中国的经验》，《政治学研究》2019年第3期）。

会就必然成为政党主导型国家治理中的核心问题。换言之，中国共产党的领导乃是中国社会治理的本质要求，这便是阳泉矿区基层社区重塑的政治逻辑和实践逻辑。

作为执政党，中国共产党党组织具有自身的相对独立性，亦即在政府系统之外存在着广大的党员以及嵌入整个社会的党的基层组织。"在国家与社会关系中，作为中国社会领导核心的中国共产党具有决定性的作用。我们可以把党作为政治力量归结到国家的范畴，并由此来分析国家与社会关系，但是问题在于党作为一种组织力量，与社会有着密切的关系。这就意味着中国社会的权力关系与一般国家（包括西方国家）有很大差别。这种差别决定了我们不能像研究其他国家那样，直接用国家与社会的二分法来研究中国问题，要充分考虑到党作为一种特殊的政治力量在国家生活、社会生活以及国家与社会关系中的重要作用。"[1] 换言之，党组织的这一特性，很大程度上决定了中国的国家与社会关系的局限性，所以分析当下的中国政治现实和治理实践，必须考虑政党的因素，由此国家与社会二分法被政党、国家和社会三角关系所丰富，亦如此，需把中国的治理实践纳入政党—国家—社会关系框架之中。

在政党、国家、社会之间的复杂关系中，以政党为中心的社会治理模式乃是中国社会主导性的核心治理模式。在这种治理模式中，基层社会是政党长期执政的根基，同时也是政党与社会最直接的联系点。所以，政党需要（主要）通过组织嵌入、价值引领和资源整合三个维度，来实现其对基层社会治理的政治领导和组织引领，政党领导和社会参与相互协调，共同实现社会治理的目标。

---

[1] 林尚立：《集权与分权：党、国家与社会权力关系及其变化》，载陈明明主编《革命后社会的政治与现代化》，上海辞书出版社2002年版，第152—153页。

阳泉矿区的社区重构,乃是"政党中心主义"治理模式的一个范本。改革开放至今,阳泉矿区致力于从传统的单位制向现代社区制转型的社区治理体系的建构,它以党的组织力建设为中心,积极推动传统封闭的社区党建向开放融合的全域党建转型,在实践探索中形成了激发党建活力的"四大体系":坚持一核引领、多元参与,构建一贯到底的责任体系;做强街道、做优社区,构建有效覆盖的组织体系;注重融合共享、同频共振,构建互联互通的运行体系;实现资源整合、重心下移,构建社区治理高效的服务体系,助推城市基层社区治理体系转型和治理能力不断提升。

第一,一核引领、多元参与,坚持发挥党委核心作用,构建一贯到底的责任体系。为此,阳泉市委出台一系列配套文件,完善三级联动的领导体制,压实了工作责任,拧紧了城市基层党建的"动力主轴"。以此作为顶层设计,阳泉矿区树立了区委总体谋划、乡镇街道具体指导的党建工作导向,保证了目标一致、行动紧跟、整体推进,将城市基层党建工作纳入年度目标考核体系,有效推动解决了街道和社区党组织牵引性作用发挥不到位、上下联动机制不健全、各级责任不明确等突出问题,带动基层治理水平不断提高。这个责任体系的基本架构包括:一是坚持织密三级区域网络。阳泉矿区强化"大党建"理念,成立区、街道社区基层党建领导小组,建立联席会议制度,定期统筹协调解决辖区内重大事项;深化街道管理体制改革,六个街道全部设置党建办、党群服务中心等"五办一站两中心",街道党建力量明显增强;社区全部落实"兼职委员制",实现了社区党建向城市全域党建有效转变;将城市建成区驻地单位、大中型商圈、非公有制经济和社会组织的党组织全部纳入全区社区党建网格,实现了组织建在网格、党员亮在楼院、服务落在基层。二是有效压实书记领办责任。将书记领办制作为各级书记抓基层党建述职评议考核的重要指标,强化考核力度,通报批评或约谈提醒工作不作为、成效不明显的基层党组织书记，倒逼城市基层党建各项任务落地见效；把街道社区党组织书记领办城市基层党建项目作为"关键一招"，通过季度点评、半年研判、跟踪调度、限期整改，持续向下传导压力。

第二，做强街道、做优社区，构建有效覆盖的组织体系，强化基层治理之本，优化基层机构和职能配置。立足于社区，阳泉矿区聚焦抓党建、抓治理、抓服务主责主业，改革街道管理体制，统一整合内设机构，变"向上对口"为"向下对应"；全部取消了街道招商引资、协税护税职能，增加党政领导职数，明确以加强党的建设为主要内容的八项职能，强化了街道在三级联动机制下的轴心作用。一是扩权赋能，做强街道"动力轴心"。阳泉矿区坚持以扩权赋能为牵引，职能部门派驻机构的人事考核权、征得同意权、规划参与权和综合管理权等5项权力全部下放到街道，彻底改变了以往街道"责任无限、权力有限"的被动局面；建设综治维稳、市场监管、综合执法等工作平台，构建执法力量"市属、区管、街用"体系，推动服务管理下沉，街道党工委统筹协调各方能力明显提升。二是减负增效，建强社区战斗堡垒。阳泉矿区实施社区事务准入制，取消各级部门与社区签订的目标责任书、各类面向社区的达标评比活动，确保社区"轻装上阵"；探索构建"党建引领、三治融合"社区治理新体系，社区治理能力不断提升。

第三，注重融合共享、同频共振，构建互联互通的运行体系，夯实基层治理之基。一是加强地企融合，实现互促共赢。服务企业发展，街道社区积极承接企业剥离社会职能，推动辖区企业退休党员组织关系移交社区。例如，华阳集团驻地企业充分发挥资金、技术、人才等优势，开放活动场所，协调解决社区场地活动不足等问题，为矿区打造城市基层党建"阵地群"打下了坚实基础。二是强化条块融合，凝聚共治合力。阳泉矿区推行"契约化"党建，驻地单位与所在街道社区签订契约化共建协议，构建条块融合、同频共振的"全域党建"新格局。按照"六进社区"的要求，全区驻地单位、在职党员到社区"双报到"，为群众办难事好事，形成了工作在单位、活动在社区、奉献双岗位的生动局面。三是推动新兴领域融合，扩大有效覆盖。按照阳泉市"一商圈一政策""一社区一联建"的要求，一大批商圈党建取得明显成效，组建了金地大厦楼宇党建和赛鱼商圈党建"红色联盟"，为企业发展注入了"红色基因"和持续动力。依托市直行业主管部门，组建了民办医院、民办学校、律师、会计师等行业协会党组织，选派党建指导员协助开展工作，以党建促进非公有制企业和社会组织健康发展。

第四，资源整合、重心下移，构建治理高效的服务体系，提升基层治理之效。一是抓基础保障，夯实治理根基。阳泉矿区通过整合、改造、新建、扩建等方式，推进社区党群服务中心规范化建设，着力打造"党员政治生活馆"和"党群服务中心"于一体的党建平台，初步实现了党员教育有阵地、互联互建有载体、群众活动有场所、文化传承有平台；全面实施城市基层党建经费"三年三步走"计划，党建经费"人均五百元"，区财政按比例足额保障；全面落实"三岗十一级"的社区工作者薪酬体系，社区"两委"主干薪酬达到了上年度城镇居民人均可支配收入的1.5倍。二是抓队伍建设，加强人才保障。阳泉矿区狠抓社区干部能力素质提升工作，通过组织街道社区党组织书记到高校培训、请专家授课等方式，进一步提升了社区工作者的专业化水平，社区干部素质得到普遍提升；畅通社区干部上升渠道，多名社区支部书记享受事业单位人员待遇或录用为事业编制人员，进一步增强了社区"两委"主干工作的信心；选派优秀机关事业单位中青年干部到社区任"第一书记"，以"小角色"撬动城市基层党建"大格局"。三是抓效能提升，增强服务能力。阳泉矿区推进智慧社区信息平台建设，建成城市管理综合信息平台，社区干部人手配备"手机通"，促进党建工作与社会治理服务深度融合；以"三社联动"为重点，调动多元主体参与社会组织的孵化和管理，探索就地购买服务、就地培育成长、就地公益服务"三个就地"工作模式，做到了社会组织有人指导、培育成长有人联系、公益活动有人引导；积极探索"精准服务"模式，争创一街一特色、一居一品牌，开展各类服务。开展党史学习教育以来，各级党组织为群众办实事，党组织的战斗堡垒作用和党员先锋模范作用得到充分发挥，城市基层党建助力发展新动能全面激活。

综上，阳泉矿区的创新实践是对"政党中心主义"治理模式的一个理论诠释，因此可以把阳泉矿区个案视为中国式现代化的一个明证。换言之，阳泉矿区个案能够解释和证明中国的治理实践，从而为中国治理理论的发展即概念范畴和理论体系的建构提供一个完整的实证样本。阳泉矿区个案的实践意义表明，以党的组织力建设为核心，实现中国地方（基层）治理体系与治理能力现代化的关键在于：一方面如何把党的组织力全方位、全过程融入/嵌入党、国家（政府）、社会三者关系领域；另一方面如何不断加强和完善党与政府的关系、党与社会的关系以及政府与市场、政府与社会的关系。

第二节 基于需求—回应机制的社区治理体系

改革开放后，中国社区的成员身份及其社会关系的性质发生了巨变，一方面，单位制社区的解体，原来的单位体制的共同体生活方式失去了传统的公共理性和公共价值意义。另一方面，经济社会结构的巨变导致社会分化、社会冲突和价值分歧增多，同时在社区公共领域，出现了公共性缺失、社区共同体意识低下等现象，导致公共体制（党政体系）的社会整合和社会动员能力不断弱化。

反过来讲，正是由于市场化的推力使社会重新获得了新的公共空间，并且这个新的公共空间一直在不断扩大，这标志着中国的社会结构体系已经从单位社会进入公共社会当中。也就是说，原有的维系单位制社会管理体制的政治和文化联系已不在，公共领域结构及其公共政治文化处于失序、变革和转型中。在这个巨变过程中，新的社会（社区）共同体处于形塑之中，换言之，由多元社会主体构成的后单位社会已经不能成为或容纳一个新的社会共同体的公共空间，个体民众的生活与公共体制（党政系统）的关联性在弱化，其权益的保护和界定主要也不是来自后者，而是来自初级社会组织（血缘、亲缘、地缘等）的具体关系。个体回到了家庭这个小共同体中并依靠社会初级团体或地方体生活，依靠这些组织保护自己，处理大部分事务。因此，对公共体制（党政系统）来说，就亟须适应变化了的社会结构、新的社会成员身份及其社会关系，与个体民众建立起新的紧密无间的政治联系和价值联系。此乃新的社区共同体重构的前提条件。

也就是说，上述结构性变化既是阳泉矿区重塑基层社区的背景也是其构建社区治理体系的条件。换言之，阳泉矿区社区重塑必须建立在变化了的社会（社区）需求之上。进一步讲，阳泉矿区的社区重构首先需要政府和其他公共部门、公共组织提供帮助，满足基层社会的广泛需求，建构基于需求—回应机制的社区治理体系。这一体系来自两个方面的供给支持。第一方面属于"公益事业"发展的需求，包括：（1）公共设施建设（衣、食、住、行等基本生活及信息网络、水利、公共空间、公共卫生、公共安全、防灾减灾等所需要的基础设施建设）；（2）公共服务供给（日常生活服务以及公共环境、公共安全、公共卫生、公共福利等方面的服务）；（3）公共管理维持（公共秩序、公共环境、公共安全、公共卫生、公共事业、危机应对等事务的管理）；（4）公共活动组织（根据需要组织不同规模、内容和形式的公众活动）；（5）贫困治理和弱者帮扶（贫困人口的帮扶，因疾病、自然灾害等原因陷入生活困境的人的救济，孤寡老人、留守儿童的特别救助等）；(6) 社会矛盾化解协调（调解日常生活中因为个人、邻里、社区、村落等纠纷引起的各种矛盾，避免演化为严重冲突）。第二方面属于"公害事务"防范的需求。现实生活中还存在许多基层事务属于"公害事务"。诸如，摊贩随地摆摊占道，居民临街私搭乱建，生活垃圾随手乱丢，交通车辆随处停放，黑心商家制假贩假，不良店家排污排废，矿山森林乱开滥伐，车匪路霸扰乱秩序，黑恶势力欺行霸市，犯罪团伙拐卖人口，等等。这些"公害事务"影响着公共秩序和公共利益，也妨碍和侵害了相关利益方的权益，它的防范和杜绝，也是需要通过基层治理解决的问题。① 为达成上述社会治理的目标，阳泉矿区的社区重塑需要有效整合党委政府、社会组织、企事业单位、社区以及个人等多个主体力量，使之通过平等对话、协商、沟通等合作方式，依法对社会事务、社会组织和社会生活进行引导和规范，最终实现公共利益最大化。

更深层次的问题是，阳泉矿区新的社区共同体重塑最终要完成从单位制到社区制的转型，正因为如此，它必须面对并解决两个结构性的、关乎稳定与秩序的问题：一个问题是，它需要化解社会矛盾，消减社会不稳定因素；另一个问题是，它必须进行政府改革，提升政府回应性。阳泉矿区的社区治理实践表明，这两个紧密关联的问题的解决，必须建立在公共体制（党政系统）与个体民众之间具有权益共享与价值共享的、基于需求—回应机制的现代社区治理体系之上。在这里，所谓需求，反映的是社会部门和社会成员需求的变化；所谓供给，体现的是公共部门的制度化能力和政策水平。需求侧的社会部门和社

---

① 燕继荣：《基层治理的理想与现实》，《探索与争鸣》2023年第1期。

会成员包括企业、学校、医院等机构性组织和城市市民、企业职工、农村农民等家庭或个体化民众，他们具有维护自身利益的意识和诉求，并在某种情况下具有付诸行动的意愿和能力；供给侧的公共部门包括政府机关、行业或部门机构、公共性组织和协会、政党和社会组织等，它们面对社会需求提供应对性方案。① 换言之，一种基于需求—回应机制的社会治理转型和社会稳定性分析模型对阳泉矿区的社区重构富有解释力，因为它充分揭示了个体民众与公共体制（党政系统）的联结性质和联结形式的结构性变化。

也就是说，社区重构的本质乃是其需要建立在公共领域中的个体与公共组织（政府）之间的文化联系和政治联系上。这是异质性、多元化社会达成社会整合的价值基础，它要塑造的是一个非个人的公共性关系，这也是社会成员体系得以维护的社会整合条件。在这里，公共领域的主要特征或构成因素包括：一是公共性。公共性是由这样一些事实保证的，即尽管角度不同、看法各异，但每个人关注的总是同一客体，它促使人们愿意分享一种道德秩序。二是组织化联结形式，这意味着公共领域的行动载体是由各种联合体（比如各种NGO组织）构成的社会成员体系。三是个体与公共组织（政府）的关系。公共领域是个体与公共组织（政府）相互建构的结果，公共权力的合法性来源于公共领域，它揭示了社会（社区）共同体内聚力的本质联系。因此，在上述意义上，所谓重塑社区，就是如何从传统的（具体关系组成的联合体）文化凝聚纽带上升为公共社会的（抽象关系组成的联合体）政治凝聚纽带，重构一种有序、多元的社会公共伦理价值，促进现代公共生活方式的生成和确立，从而实现一种自治的公共生活形式，因此它就具有了社会

---

① 燕继荣：《从经济发展到社会治理：基于需求—回应的中国社会稳定性分析》，《治理研究》2023年第2期。

第七章 社区重构：阳泉矿区个案的治理意义

整合和公共政治秩序建构意义。

为实现上述目标，社会需求和政府回应构成了社区重构的两个方面——需求侧和供给侧，二者共同构成了社会的稳定性。社会需求反映个体民众的诉求及其实现程度；政府回应体现政府应对社会诉求的能力。它的治理逻辑是这样：一方面，民众的诉求及其变化通常造成系统紧张，带来一定的不稳定性；另一方面，政府积极回应，吸纳民众诉求，化解矛盾和冲突，增加系统的稳定性。事实上，丰富多样的治理实践经验证明，社会政治不稳定通常发生在政府体制僵硬迟钝、缺乏及时回应性、民众诉求长期得不到满足的时期和地方。因此，政府旨在提高回应性的种种努力和改革，是解释社会政治稳定的重要变量。

党的历次报告中提出的社会治理概念，就是聚焦于公共权力和公民权利之间的协调与平衡，如党的十八大报告中提及的党委领导、政府负责、社会协同、公众参与、法治保障；党的十九大报告中提及的不断满足人民日益增长的美好生活需要，不断促进社会公平正义；党的二十大报告中提及的建设人人有责、人人尽责、人人享有的社会治理共同体。在这里，与传统的社会管理不同，所谓社会治理就是针对国家基层事务，包括公共管理、公共服务、公共设施、公共环境、公共活动等方面的问题，采取多主体协同行动、形成有效解决方案并付诸实施的过程。而社区治理是基层治理的结构性和基础性部分，建构基于需求—回应机制的社区治理体系，乃是提升社会治理能力、推进社会治理体系现代化的题中之义。

阳泉矿区的社区重构，以党建引领为中心，致力于组织建设、制度建设和社会建设，健全基层组织，发挥党组织和基层社会组织作用，发展协商民主，建立协同治理机制，旨在将维持社会稳定的努力普遍转化为制度化的成果，这些成果包括：网格化管理普遍推广，一站式服务中心建立，民情民意协调中心设立，政府应急中心（"12345"热线）、志愿组织普遍发展，基层重大事务的民主协商制度、公共服务购买方式、村规民约和社会自治的推广，信息化建设和智慧治理，保险制度的引入，等等，大力推进社会治理变革与创新，逐步建构一种基于需求—回应机制的社区公共服务体系，后者的治理逻辑可以这样表述：从单位社会到公共社会的转型，社会成员的权利意识和行动能力的变化、提升是必然的结果，公民利益和价值的实现又是善治的目标，那么，社会治理的唯一正当路径就是提高基于公平正义原则的社会制度和社会政策的供给能力。

从阳泉矿区重塑基层社区的实践经验中，建构一种基于需求—回应机制的社会治理体系，必须明确并确认如下一些基础性、结构性、本质性的问题。

第一，政府公共性建构。改革开放前，这种关系的特性是社会治理体系与资源分配体系合二为一，政府公共性的表述形式是国家、集体、个人三者的利益关系。改革开放后至今，社会结构发生的巨变给社会以自主的空间，但公共领域并没有实现从传统向现代的转型，公共领域的关系还没能完整地建立在公民的个人权利和社会权利之上，从而改变传统的公共组织（政府）与个体民众之间的权力支配关系。因此，建构社区公共性，就要求公共组织（政府）将公共性社会关系的建构作为基本任务，把国家与公众的权利关系确认在法律关系上。

第二，塑造公共社会组织化凝聚形式。公共社会是一个异质的、多元的社会，构成公共社会的主要组织化形式是社会成员体系，后者通过一种组织化方式聚合起来，它在促进社会内聚的同时，也增强了制度公平吸纳外部社会力量的能力。因此，完成社会（社区）共同体建构的议题之一就是推动社会自治的发展，包括：一是自治权的法律保障，即明确社会自治权以及公众与国家之间、不同层次的自治体之间的权利内涵和边界。二是政府、社会、市场等领域的多中心公共治理主体的形构。三是重构主体社会。社会自治是社会（社区）的组织化凝聚形式，是公共领域形成和公共政治文化建构的基本组织结构条件。

第三，个体与公共组织（政府）的权利关系。个体的公共行动和意见形成于公共领域，公共权力的合法性来源于公共领域。公共政治文化是个体与公共组织（政府）相互建构的结果。个体与公共组织（政府）的关系应该建立在紧密无间的政治联系和文化联系上。也就是说，个体和公共体制需要建立制度化关联并有效发挥连结、代表、协调和应责作用，它的治理意义就在于，个体的生存利益可以依靠公共制度解决问题、避免相互损害的能力，通过代表增强自身力量的能力，寻求公共衡量标准、要求权威机构帮助的能力。如此，一方面可以克服单位社会解体之后公共空间的日益萎缩和不断加剧的社会原子化；另一方面能够在公共领域建构一种文化和政治的凝聚力，形塑公共政治文化的本质。

第三节 转型与重构：中国社区的未来

阳泉矿区要实现从过去的单位体制向现代社区体制转型，重塑基层社区，以党建为中心，强化公共体制（党/国家）的权威主导地位，使公共组织（党政机构）具备更强大的执政资源与社会动员能力。

与过去的单位社会治理结构不同，当今的基层社会是一个结构多元化的公共社会，社会异质化、利益群体多元化和价值取向多样化，具有权力分散和结构多元化的特点。因此，基层党建如何用权力集中和结构集中来控制权力分散和结构多元化、平衡社会多元化和利益多元化，是当前基层党建主导的基层治理存在的一个逻辑难题：既要加强公共体制，提高其管控和治理社会的能力，又要适应利益群体多元化、社会文化多元化与价值多元化的发展态势。在这里，面对社会资源分散、权力分散导致的多元社会力量参与扩大要求，强化公共体制（党政权力）的一元来应对社会结构变化的多元，是当前基层治理转型所面对的挑战和内在张力。

第一，党政功能的协调问题。在基层社会，之所以推行党政统合运行体制，有这样两个主要原因：一是党的政治和社会引领功能没有得到充分发挥，以至于影响到党的群众基础和党群关系，党政统合就要让"惠从党来"的亲民观念在社区民众心中扎下根来。二是提高社会治理效率，多头行政管理变为统一于党的集中管理，避免以往党归党、政归政所造成的权力分散与社会治理低效问题。尽管上述原因事实上不同程度地存在，但也必须认识到，党组织的功能与行政组织的职能毕竟不同，党政统合需要克服如下问题：一是避免以党代政或党政不分，要在党组织与行政组织之间明确必要的功能界分。二是对党组织的政治功能与政府的行政功能进行恰当的协调，比如把基层党建的重心放在政治功能的发挥上，包括党的组织建设和统合党的政治资源及社会动员能力，行政的主要职责是把党的方针、政策具体落实到基层社会各个领域当中。

第二，党政体制与基层群众自治制度的协调问题。这涉及两个方面的问题：一方面，因应基层社会千头万绪的公共事务，对村（居）委会做出必要的行政化，是当前城乡基层治理的一大特征，但不能把行政化简单地理解为"去自治化"，不能让基层群众自治组织的自治功能萎缩下去，所以，应该在党政职能和自治权利之间做出合理、合法、合规的功能界分。另一方面，建立在户籍制度上的城乡基层群众自治组织具有先天的局限性。比如，城市人口流动性大，户籍人口与非户籍人口比例失衡，导致城市居民自治共同体的代表性不充分，不能将所有居民涵括进去；而村民自治则是与土地（经营权）资源连在一起的一个身份共同体，具有封闭性组织的一般特点，它不能将农村社区的所有社会成员囊括其中。鉴于上述结构特性，基层党组织就要在其他社会群体的管理和服务上下功夫，并处理好与其他社会群体的关系。

第三，基层党建发展与"两新"组织的协调问题。当前"两新"组织的党建发展存在着一个模糊地带，即"两新"组织中的党组织是要向着发挥组织决策功能的方向走，还是向着维护组织员工/成员权益的方向走，这是一个迫切需要明确的问题。因为一方面，这涉及如何发挥党组织在"两新"组织中的政治功能，使企业担当起应有的社会责任，也就是说，如何处理好党组织与企业的关系，对"两新"社会组织的党建是否能够落地生根和进一步发展来说意义重大。另一方面，这涉及企业中的党建能否发挥作用以及能够发挥多大作用，因为从这个维度看，实际中的企业党建还没有达到这样的要求。因此，基层党建发展与"两新"组织的协调就集中在如下问题上：基层党组织与市场主体以及社会组织的关系应该建立在什么样的治理规则和治理关系基础上？

阳泉矿区个案为我们更好地理解上述问题提供了经验证明，甚至可以为我们更深入地理解中国共产党主导的中国式现代化提供新的经验和知识。为了进一步说明后一点，我们尝试把这一典型个案放置于国家权力的框架内来理解，将其视为影响国家权力实施控制、治理和政策执行的基础制度或基础条件，并讨论后者对中国治理研究和实践的意义。换言之，我们将尝试运用迈克尔·曼的"国家基础权力"概念，来解析阳泉矿区重塑社区的治理意义。按迈克尔·曼的描述，所谓"国家基础权力"，是指国家实际渗透市民社会并在其统治的疆域内执行行动的能力，是一种经由社会的权力（power through society）。[①] 基础权力的强弱取决于多种因素，但在政党型国家体制中，我们需要对迈克尔·曼的概念做出某种修正，即从政党中心这个维

---

① 参见陈峰《国家基础权力：概念与运用》，《比较政治学研究》2022年第1辑。

度来理解和解释"国家基础权力"。另外，还需要加以限定的是，本书是在如下两层含义上使用"国家基础权力"的概念的：一是基础权力体现为制度和组织资源，即控制、监管社会和领土的机构，如基层官僚、警察、税收和统计部门以及政府控制的群众组织等。这些机构对于执行和实施国家政策具有决定性的作用。二是基础权力还体现为国家动员和组织社会力量的能力，显示的是基层组织资源对推动国家特定政策的重要作用。

基层治理关乎"国家基础权力"在社会中的实施和运作，是国家权力渗透、控制和管理社会的体现。对于中国而言，这毋宁说，在国家、政党、社会三者关系中，政党乃是决定性的影响因素。在中国语境中，基层泛指包括城市中的工厂、商店、学校、机关、街道、社区、居委会等组织和农村中的农场、合作社、乡、镇、村等单位组成的社会。所谓基层治理，就是针对基层社会存在的问题（即基层事务问题，包括公共管理、公共服务、公共设施、公共环境、公共活动等方面的问题）而采取行动、形成有效解决方案并付诸实施的过程。新中国成立以来的国家权力模式属于曼所言的"国家基础权力"中相对强大的一类。改革开放初期，亦即在社会主义市场经济发展和社会关系转型的早期阶段，单位结构解体，原有的基层权力体制遇到了各种挑战，甚至被削弱。以党建为中心的基层治理的兴起体现了"国家基础权力"的调整、创新和强化，同时也反映了权力体制的连续性和内在一致性。

中国的基层治理涵盖多个方面，有三种实践可以显示中国"国家基础权力"发展的特点和形式，这三种实践分别是基层党建、维稳治理和合作治理。

第一，党组织是基础权力的核心机构。从基础权力的视角看，首先，党组织具有空间优势，覆盖国家所有地区的绝大多数单位、企业、社区和组织等。其次，党强大的合法性和权威性使得基层党组织在施政中具有确保社会服从和合作的优势。

最后，党组织在各级权力架构中的领导地位决定了其有对其他行政部门的支配、协调、说服等行为。党组织的这些特点构成了基础权力的关键结构要素。但这些结构要素如何转化为应对和处理经济社会变迁中的各种挑战、有效治理社会的实际能力，成为基层党建要解决的问题。阳泉矿区治理实践经验显示，基层党组织通过各种党建创新，建立了各种新的治理方法和机制，强化了基础权力对社会的渗透功能，包括那些原来基础权力弱化或不曾触及的领域。比如，基层党建推动了农村社会的再组织化，加强了党组织对基层自治的全面领导，包括选举、协商、监督、服务等方面。社区党建通过在社会组织内建立党组织或派驻党建指导员等方式，实行对社会组织的监督和管理，将其统合到党政体制之内，防止社会组织挤占党政空间、侵蚀党的社会基础。因此，基层党建已成为中国强化基础权力的核心措施，也是我们理解中国基础权力结构和特点的关键所在。

第二，维稳治理可以被视为基础权力的独特形式。在社会经济转型中，各类社会冲突和争议是政府面临的日常挑战，管控这些冲突是基础权力的重要职能。官僚专业主义一向被认为是基础权力的来源之一，其特点是以专业的方式处理规定范围内的公共政策和社会问题。但维稳涉及的问题往往跨越不同部门的职责边界。例如，集体劳动争议引发的冲突，通常会涉及劳动政策、法律、公共秩序等方面；同样，土地、环保或历史遗留问题的争议也可能涉及不同政策领域，并非单个政府部门能够处理。在基层广泛建立的维稳治理机构整合了相关的政府行政部门、信访、法院、公安、调解机构（即人民调解、司法调解和行政调解）以及工会等社会组织，以协同联动方式控制和消解争端，维持社会稳定。党组织是维稳治理的核心，因为只有党组织的领导地位才能够统合并协调不同的政府部门以及司法部门、公安部门、工会等。目前在阳泉矿区，维稳治理已形成覆盖乡镇和社区的机构网络。但维稳治理设置并非政府正式组织架构内的常设部门，它更接近于"临时委员会架构"（adhocracy），即为特定任务或项目而设立的跨部门机构，通过协调各部门的行动和资源，灵活和有针对性地实施维稳举措，成为基础权力的全新形式。

第三，合作治理。基础权力视角关注合作治理的具体实践，即在治理过程中国家与非国家行为者之间的"组织交织"和产生的效果。与基层党建和维稳治理不同，合作治理更多地并非源于自上而下的推动，而是一些基层政府的自行尝试，其中最常见的形式是政府寻求与社会组织合作来实现公共目标。社会组织扎根社区，了解和适应社会需求的变化，可以弥补政府和市场提供公共服务的不足。比如阳泉矿区各级政府通过购买社会组织的服务，扶植非营利性社会机构来满足公众需求，增强基层民政系统的服务能力。事实上，在维稳治理中，也有基层政府吸纳社区社会工作组织中的社会贤达参与争议调解，化解矛盾。虽然总体而言，合作治理的范围还十分有限，但合作治理的实践已在一定程度体现了国家与民间社会可以通过协商合作形成基础权力，即基础权力的双向性，尽管这种双向性的对等程度相对较低。

阳泉矿区重塑基层社区的实践探索为研究基础权力提供了一个比较完整的个案经验。阳泉矿区的社区治理经验显示，一方面，基础权力的建立本质上是由国家自上而下推动的，或者说，基层治理的水平取决于制度供给和政策供给能力。但另一方面，在变化了的社会经济环境中，国家施政越来越需要得到非国家行为者的支持与配合，政府机构越来越嵌入基层社会，很多新的治理方式为社会组织创造了行动空间，从而促成了基础权力与社会形成共生关系的可能性，孕育了新的国家基础权力形态。另一方面，必须认识到，中国基层治理存在诸多问题甚至困境，包括：总体发展的不平衡不充分，城乡区域发展和收入分配差距较大，社会大众在就业、教育、医疗、托育、养老、住房等方面保障不足，党政部门官僚主义、形式主义突出，权力部门依法施政以及社会大众依法维权的水平不高，这些长期存在的"老大难"问题，决定了基层治理任务的艰巨性。

再者，当前基层党委权力核心所形成的基层社会治理党政统合体系，面对的是一个变化了的、异质性、契约性与多样性的公共性社会关系，它表明，在基层社会秩序规范中，政府不再是制度来源的唯一主体，社会力量的崛起，为制度供给提供了新的来源；社区、社团、社企、社工等社会力量和组织形式的出现和壮大，为社会秩序提供了有效保障；社会资本对公共产品供给的介入，为社会发展和政治稳定激发出更多的经济活力与社会创造力。因此，传统治理——政府是公共管理的主体而社会是公共管理的对象，已经难以应对变化了的公共性社会关系。基层治理需要实践和多维度的创新，这些创新包括价值的、制度的、规范的、结构的，亦即社会改革和创新社会治理体制的核心议题，就是要处理好政府与社会的关系以及市场与社会的关系。要弄清楚哪些社会事务需要政府、市场和社会各自分担，哪些社会事务需要政府、市场和社会共同分担。在充分发挥政府宏观调控作用、市场决定性作用的同时，更好发挥社会力量的作用。也就是说，基层党建引领基层社会治理要实现的是这样一个社会治理格局：政府机制（政府是主体）、市场机制（企业是主体）、社会机制（社区、社团、社企、社工等是主体）三种机制的多元共治，由这三种主体或机制形成的共建、共治、共享的社会治理格局，揭示了当前中国基层公共性社会关系的结构特征及其性质变化。

第一，政府治理主体的形构。基层党建发挥基层治理的领导核心作用，政府治理主体的形构是基层治理的核心部分，是基层党建的重要任务。一是改变传统治理思维和治理观念。当前公共性社会关系性质的变化，要求政府成为公共事务、公共财政的管理部门，提供优质的公共产品和公共服务，并确保国家与公众之公共事务的制度化关系。二是推进公共参与制度化。当前迫切的问题是扩大政治参与，以广泛社会参与为主要形式的社会合作能够为社会治理提供不可或缺的社会化机制，社会参与涉及政府政策信息的公开透明，规范执法行为，推进协商民主，完善社会协商机制，以及公众个人及社会组织参与渠道制度化。三是确立政府与市场、社会的法治关系。该政府管的，一定要管好、管到位，不能推给市场、社会；不该政府管的，应该交给市场、社会，不能大包大揽。一方面要明确和限定政府的职能，并依此来不断调整国家与非国家组织和团体的关系；另一方面要推动基层自治，社会自治组织受法律、法规以及社会规范体系的限制和约束，是公共秩序不可替代的利益组织化形式。

第二，社会治理主体的形构。基层党建要致力于推动社会整合和凝聚，尤其要致力于培育社会组织的发展，提升社会自治能力。从过去的单位社会进入现在的公共社会，基层社会治理所面临的一个结构性问题，就是在个体与公共体制（政府）之间没有一个主体社会的存在，后者是指一个介于国家和个人之间的领域，它由相对独立存在的各种各样的组织和团体所构成，这些组织和团体包括社区和村社组织、家庭组织、工会、商会、学会、学校团体、各种娱乐组织和俱乐部、各种联合会和互助协会，等等。社会组织的发展和壮大，能够在公共组织（政府）与个体公众之间确立一个理性沟通的公共场域和公共生活方式，在公共组织（政府）与个体公众之间建立一种协商和共治关系。从根本上讲，社会治理主要指的是社会对于社会事务的管理，强调社会组织和公众个体是公共管理的主体，其主要表现形式不是政府管制，而是社会自治。在这个意义上，社会治理主体的形构就是指社会的自治与自律，即将社会作为自组织的、独立自主和自治的主体，社会组织是社会主体性的载体，而社会制度则是社会主体性的保障，其终极目标是形成建立在有限的政府、有边界的市场与自组织的社会三者之间相互制衡与良性互动基础之上的多元社会治理模式。

第三，市场治理主体的形构。在市场化改革的背景下，基层党建要与市场主体建立一种法治关系，（政府）市场秩序的维护与（经济行动者）市场经营行为之间要有法律规范和法律边界。市场经济产生自发秩序，并促成了平等自治的契约关系、法治原则、自治原则和民主发展进程。这主要包括两个层面的含义：一是市场主体形成联合形式，成为内生型的利益集团组织，在政府与个体之间起到沟通和协调作用，并防止政府公权力的不当干预行为。二是市场利益共同体也约束成员损害市场秩序和社会秩序的行为，以及规范市场行为。因为，市场治理主体的形构要求推动市场组织的自治化，即市场利益共同体应该成为连接国家和社会两方的协调性经济组织，具有更多的自主性地位和社会权力，这意味着国家和社会两边的权力平衡发生了变化。事实上，上述发展倾向都不同程度地存在，但它们的发展归根结底取决于社会利益组织化、制度化的连接方法在基层政治秩序中的性质、作用、限度及形式。

上面所讨论的一些基础性的问题，对中国社区治理以及中国社区的未来发展都是根本性的影响因素，比如，基础权力不只是理解国家权力自主性的一个视角或国家建设中的一个面向，而且是解释政治和社会结果的关键变量。换言之，中国社区治理不仅在理论层面而且在经验层面仍然有许多结构性的问题需要深入探讨，比如，基层党政统合体制的制度轮廓如何确定和界定？再比如，影响政府治理的社会力量是否等同于基础权力？或者，社区重塑或社会变革的结果，是追求社区与国家一体化吗？这些带有根本性的问题都有待更多的实证研究去回答。

换言之，实现国家治理体系与治理能力现代化，社区治理现代化自不例外。但问题是，国家治理现代化的本质诉求是什么？是要强化和提升传统治理体系的管理能力和效率，还是向着现代多元主体共治的民主治理体制转型？如果是前者，那么这是自近代以来的国家权威治理逻辑的延续、巩固和强化。如果是后者，那么就意味着从旧体制向新体制的转型，亦即现代民主治理结构的再造。必须承认，一些地方的社会治理经验事实表明，在一些地方政府的治理实践中，国家治理现代化的诉求更多地落在了前者的意义上，而不是向着多元民主共治的现代治理形态转型或转化。进一步讲，巩固传统治理体系的做法就是不断地积累权威和加强社会管控能力，但它面临的挑战是利益群体的分化和社会分层的固化，以及社会背景和社会基础结构发生的本质性变化。而国家治理体系的现代转型面临的则是体制性、结构性问题。也就是说，实现体制改革，推进制度建设与社会建设，意味着突破旧体制的改革和创新。对中国社区治理而言，就是从权威式治理到参与式治理的现代转型，从行政权力主导社区治理的模式变革为社区居民参与社区治理的多元民主共治模式。

从党和国家的政策、文件上看，关于治理体系与治理能力现代化的叙述是要走向多元民主治理形态，比如在党的十八大文件中，强调要加快形成党委领导、政府负责、社会协同、公众参与、法治保障的社会管理体制。这一政策表述意味着，政府不再只是治理的主体，而且也是被治理的对象；社会不再只是被治理的对象，而且也是治理的主体。但从近年来一些地方政府的治理实践上看，似乎又与国家的政策叙述不相符，或者说，一些地方政府存在对国家政策表述的片面理解。前者还是在不断地推进传统管理权威的集权化和行政化，不断地加强和强化传统社会治理体制和治理方式。[①] 这样，我们就能够理解为什么地方实践总是遵循一种保守的路径，比如党的十八大要求

---

① 周庆智：《基于公民权利的城市社区治理建构——对深圳市南山区"单位制式"治理的制度分析》，《学习与探索》2015年第3期；周庆智：《基于公民权利的乡村治理建构——对汉中乡村治理的制度分析》，《哈尔滨工业大学学报》（社会科学版）2014年第6期。

改变社会组织的审批制为登记制,但一些地方不想做或不知道怎么做。因为,一方面要加强党的主导地位,但另一方面,若放开社会组织的准入程序,又会挑战党政权力主导地位。如此,一些地方政府采取的策略是,完善现有组织化条件,并采取机会主义的方式搞创新,实际的结果,却是传统治理权威结构的不断集权化和行政化。

在上述社会治理现代化的逻辑下,一些传统权威式社区治理的地方实践或创新已经触碰到了"天花板":当今中国社区治理发展或创新是不断地加强和强化政府的亲民和效率,而不是致力于参与式社会治理的现代转型。但从现代治理的本质上讲,对今天的社区治理现代化来说,"我们面对的挑战不是提高效率,而是要由居民选择和决定社区的愿景。……这意味着要重新界定公民的角色,即从政府服务的被动消费者变为社区治理的主动参与者。这一新的界定要求公民对自己社区承担更大的责任"①,换言之,要改革传统社区治理体制机制,要倾听每个社区成员的声音和意见,要将社区治理置于公众权利和社会自组织的制度性保障上。

现代社区转型由如下现实发展条件所决定和推动:第一,市场经济的发展和市场经济体系的形成促进社区利益主体和利益诉求的多元化,价值观多元并得到不断发展和成长,社会价值取向日益多元化,而社区公共领域共享价值的形成需要经由沟通和参与,进而达成共识和协作关系。第二,社区异质化。有两层意思:一是熟人社区不断进入外来社会成分,比如人口流动在逐渐改变着社区成员结构;二是体制外的资源发展和资源分散化,利益群体在分化。社会异质化导致参与需求不断扩大。第三,社会自治空间不断扩大,社会成员的自主性、异质

---

① [美]理查德·C·博克斯:《公民治理:引领 21 世纪的美国社区》,孙柏瑛等译,中国人民大学出版社 2014 年版,第 23 页。

性、依赖性及流动性都发生了变化，要求社区整合或社区协作关系必须建立在利益共享与价值共享的基础之上。

也就是说，经济社会的发展不断改变着传统社区的同质性和整体性，促进了社区成员的分化和多元化。在职业、收入、居住和生活方式等领域，社区成员个人的选择增加，个人发展的途径出现多元分化。同时，社会资源的分散造成社会权力的分散，不同利益群体的权利意识不断得到强化。换言之，传统权威治理的社会基础和制度保障条件都发生了结构性变化，多元主体的发展和成长，不仅要求分享对社会资源和社会活动空间的支配，也要求直接参与社区发展的价值分配和目标定向，并通过各种形式影响政府政策的利益取向和价值取向。

第一，社区居民拥有更大控制权。现今的社区，绝大部分是由城镇的居民委员会改名而来，少部分由并入城镇的村委会改名而来。社区是党和政府传递、落实政策和了解民情的最基层，社区在行政上接受街道办事处领导，由街道办接收并传达县级政府和各科局的任务、指示。无论是从治理原则还是从现实社区支配关系上看，居委会或村委会都是政府权威的一个环节或部分。在传统治理结构中，社区只是一个地域概念、一个人们休息的场所，社区认同和社区参与非常不足，社区还不是一个共同体，社区居民只是秩序的一个"网格"和被动的服务消费者而已。从对政府权威"普遍服从"（prevailing deference）的治理，到居民拥有更大控制权的参与式治理，必须使社区居民的自主治理价值回归，回归到由非职业人员和公众拥有更大控制权的参与式社区治理中来，亦即从"普遍服从"向广泛的公众参与社区治理转变，这意味着，传统的基于行政权力、控制、职位的"合法性"权威治理势必失去存在的依据和意义。

第二，祛除社区的过度官僚化、职业化和专业化。现今中国一些社区的行政管理者追求的是政绩和效率，并以日新月异的所谓"精细化管理"来不加节制地推行官僚化、职业化和行政化，它的目标就是管理和秩序。与此同时，为了标榜民意，它不断地制造和培养"样本代表"（社区参与的"积极分子"），以加强自身的合法性和执行力。但经验证明，精细化管理多对秩序的维护有利，但对社区协作关系的有机整合，益处不大。理由是，一种秩序是行政权力强制管控的结果，另一种秩序是社区成员价值共享与利益共享的结果。前者是权威治理惯用的方式，后者则是参与式治理的基本构成要件。必须明确社区的"本质意志"是什么，社区不是靠权力、法律、制度等强力整合起来的机械合成体，也就是说，社区不是建立在强迫关系而是建立在参与协作关系和相关联系之上。因此，回归到由非职业人员和公众拥有更大控制权的参与式治理，乃是当今中国社区建设的第一步，也是非常关键的一步。

第三，社会组织的发展壮大是实现参与式社区治理转型的结构性条件。社区是由具有认同感和归属感的人组成的社会组织的空间或地域单元。独立性和自主性的社会组织是社区和谐、有序的力量源泉，是具有合作精神的载体。一方面，它自我约束、自我管理，而不必受制于外力或他人；另一方面，社区成为一个有机共同体，使社区成员具有归属感和认同感。但现实的社区治理结构还没有完全具备上述社会组织存在或成长的空间和条件。比如，党的十八大提出，取消社会组织的审批制，实行登记制，但在地方却不能实质性推动，原因可能是多方面的，比如政治的、行政的、法律的、历史惯例或文化的，等等。[①] 至今，遍布社区的是官办的或半官半民的社会组织，比如所谓"三社联动""社会组织孵化器"。另外，基于集体产权的农民（居民）经济合作组织，是政府的公产，而不能成为农民（居民）的私产，这样的所谓民间经济合作组织，也不是真正意

---

① 高丙中：《社会团体的合法性问题》，《中国社会科学》2000年第2期。

义上的民间社会组织。诸如此类的社会组织大都出于体制，在人事关系、组织结构、资源配置上，与政府有很密切的联系，并未充分体现社会自治组织应有的独立性、自主性。"不仅其主要的资源来源于党政机关，且在观念上、组织上、职能上、活动方式上、管理体制上等各个方面，都严重依赖于政府，甚至依然作为政府的附属机构发挥作用。即使民间自发建立的非营利组织，由于要挂靠在业务主管单位上，也会受到政府各方面的限制和干涉。这种状态随着政府改革的进一步深入，不仅束缚了自身的手脚，也严重束缚了政府的手脚。"① 也就是说，以如此面目出现的社会组织，基本上不是具有独立性、自主性和促进性的社会组织，类似于"封闭性自治组织"（close corporation），亦即"授权治理"或依附于政府权威的社会组织，这类社会组织对基于价值共享与利益共享的参与式治理，没有或较少实质性推动意义。

传统治理的社会背景和社会基础已经发生变化，由利益分化和社会多元化带来的变化是公民权利意识和权利主张诉求。也就是说，当今的公共政策是一系列涉及多种团体和多重利益的复杂互动的结果。从社区的本质属性上看，社区不需要权威的集中管理，社区自治是社区居民的本质意志。传统治理需要做出改变，问题的关键在于"如何将有效的政府公共管理过程与公民积极参与的热情和行动有机平衡或结合起来，即如何将有序的公民参与纳入到政府公共管理过程中来，在公共政策制定与执行中融入积极、有效的公民参与"②。重建社区共同体，这是传统社区治理向现代社区治理转型所面临的挑战。

---

① 王名、贾西津：《中国非营利组织：定义、发展与政策建议》，2006年度中国汽车摩托车配件用品行业年度报告，专题资料汇编。

② ［美］约翰·克莱顿·托马斯：《公共决策中的公民参与》，孙柏瑛等译，中国人民大学出版社2010年版，第3页。

中国社区治理的转型问题，首先是一个有关主体性社会的建构问题。或者说，中国社区治理的改革和创新，必须致力于新旧体制的交替，致力于现代社区治理体制的转型，而不是将现代社区治理建设的价值目标理解为加强权威管理和提高行政效率，因袭和强化传统社区管理体制的制度功能和作用。靠权力宰制，可以得到社区片刻的安宁，但无法赢得社区的未来。当今的社区治理创新不应该是不断地巩固和强化权威治理，而是要改变政府自身的社区角色，从父权式治理思维向社区召集人或博弈参与者的角色定位转变，从类似推土机一样的全能型治理方式，向着民主共治的责任型治理方式转变，这是中国社区治理的未来，也是中国社会治理的未来。

附录 "政党组织社会"调查问卷

尊敬的先生/女士：

您好！为了解我国"政党组织社会"的基本情况，中国社会科学院政治学研究所周庆智教授项目组邀请您参与我们的调查。请您以自填的方式回答下列问题，并将您认同的答案序号填入预留的括号中。本次调研结果仅用于科学研究，绝不会以个案形式对外公布，对于您的回答我们将严格保密。感谢您的大力支持！

第一部分
（人口学部分）

第二部分
1. 结合您所在村（社区）的实际情况，请您对以下发展党员的影响因素的重要程度做出判断，在相应选项后的数字上画"√"（请不要错填或漏填）。

	非常不重要	不重要	一般	重要	非常重要
被发展对象的个人能力	1	2	3	4	5
被发展对象的宗族背景	1	2	3	4	5
被发展对象对本村（社区）所做出的贡献大小	1	2	3	4	5
被发展对象的政治背景	1	2	3	4	5

续表

	非常不重要	不重要	一般	重要	非常重要
被发展对象的学历水平	1	2	3	4	5
被发展对象的经济实力	1	2	3	4	5
被发展对象的年龄	1	2	3	4	5

2. 您认为，本地党组织的宣传工作在哪个方面问题最为突出？（单选）

①与现实生活关系不密切

②宣传的形式过于单一

③宣传的内容缺乏创新

④党员干部不重视宣传工作

3. 您所在的村（社区）的宣传栏中哪两类内容占比最大？（限选两项）

①村（社区）信息公开

②报纸

③本村（社区）居民和周围商家的广告

④党史、党建和党的精神宣传

⑤文娱活动信息

4. 在日常生活中，您所在的村（社区）里内经常参与公益事业和义务劳动的党员数量多吗？（单选）

①党员几乎不经常参与

②较少党员经常参与

③一半党员经常参与

④较多党员经常参与

⑤几乎全部党员经常参与

5. 请您阅读以下题目，并根据您生活的村（社区）所在地的真实情况，在相应选项后的数字上画"√"（请不要错填或漏填）。

	非常不同意	不同意	有点不同意	一般	有点同意	同意	非常同意
干部和群众关系紧张	1	2	3	4	5	6	7
党员越来越发挥不了模范引领作用	1	2	3	4	5	6	7
贫富差距越来越大	1	2	3	4	5	6	7
违法犯罪越来越多	1	2	3	4	5	6	7
经济纠纷越来越多	1	2	3	4	5	6	7
村民（社区居民）越来越自私了	1	2	3	4	5	6	7
村（社区）里年轻人越来越少	1	2	3	4	5	6	7
赡养老人的越来越少	1	2	3	4	5	6	7
村（社区）里生存环境越来越差	1	2	3	4	5	6	7
社会治安越来越差	1	2	3	4	5	6	7
社会风气越来越差	1	2	3	4	5	6	7
村（社区）里公共文化生活越来越少	1	2	3	4	5	6	7
村（社区）里住的人越来越少	1	2	3	4	5	6	7

6. 您认为，党组织的指导思想、工作方针、文化理念在您所在的村庄（社区）的普及程度？（单选）

①基本实现全覆盖，普及程度高

②覆盖了大部分人，普及程度较高

③只有一部分人知道，普及程度一般

④完全不了解，普及程度较低

⑤不太清楚

7. 在脱贫攻坚方面，您认为以下哪个主体在实践中发挥作用最大？（单选）

①县市政府部门

②村（居）委会

③企业（公司）

④党组织与党员干部

8. 请您阅读以下题目，并根据自己的真实情况与想法，在相应选项后的数字上画"√"（请不要错填或漏填）。

	效果明显	效果一般	效果不明显	没有效果	不了解
您认为，本地基层党组织党员责任区、示范岗、便民服务岗等线下活动	1	2	3	4	5
您认为，本地基层党组织党员结对帮扶群众活动	1	2	3	4	5
您认为，本地基层党组织的线上群众工作平台	1	2	3	4	5
您认为，本地基层党组织保障群众在公共决策中行使知情权、表达权、监督权	1	2	3	4	5

9. 在过去一年中，您参加过多少次志愿服务活动？（单选）

①从未参加过

②1—4 次

③5—12 次

④12 次以上

10. 在过去一年中,您参加您所在的村(社区)组织的各类公共活动(如议事会、节日晚会、公共娱乐活动等)大致多少次?(单选)

①从未参加过

②1—4 次

③5—12 次

④12 次以上

11. 关于您所在网格的网格长,您认为他(她)在履行责任中存在的主要短板是什么?(单选)

①和所在网格的村(居)民不够熟悉

②在所在网格没有足够的威信

③缺乏足够的工作能力

④缺乏使其充分发挥作用的足够权力

12. 请您阅读以下题目,并根据自己的真实情况与想法,在相应选项后的数字上画"√"(请不要错填或漏填)。

	完全不符合	比较不符合	有点不符合	有点符合	比较符合	完全符合
居住在这个村(社区),生活很便利	1	2	3	4	5	6
我很认可这个村(社区)的管理水平	1	2	3	4	5	6
这个村(社区)的党建工作做得很好、很实际	1	2	3	4	5	6
居住在这个村(社区)符合我们家庭的需求	1	2	3	4	5	6
我居住的村(社区)对我有特殊的情感意义	1	2	3	4	5	6

续表

	完全不符合	比较不符合	有点不符合	有点符合	比较符合	完全符合
村（社区）让我有家一样的感觉	1	2	3	4	5	6
我很在意别人对自己村（社区）的看法	1	2	3	4	5	6
与其他地方相比，这里的村（社区）环境条件令人满意	1	2	3	4	5	6

13. 您认为，您所接触的基层党组织是否具有正气充盈、担当作为的政治生态氛围？（单选）

①非常具有

②比较具有

③一般

④比较缺乏

⑤非常缺乏

14. 根据您的亲身经验，您认为，您所在的基层党组织在执行各大项目任务中集中优势力量、充分动员社会资源的能力有多强？（单选）

①非常强

②比较强

③一般

④比较弱

⑤非常弱

15. 在您所在的村（社区）中，"一肩挑"（指党组织书记、村委会或居委会主任及集体经济组织理事长为同一人）及"两委"矛盾（党委和村委会的矛盾或党委和居委会的矛盾）的状

况是怎样的?(单选)

①"一肩挑",不存在较明显的"两委"矛盾

②"一肩挑",存在较明显的"两委"矛盾

③非"一肩挑",不存在较明显的"两委"矛盾

④非"一肩挑",存在较明显的"两委"矛盾

16. 当您对您所在的村(社区)存在不满意的地方时,您通常最先想到通过以下哪个渠道反映您的意见和建议?(单选)

①所在网格的网格员

②物业公司

③村(居)委会

④身边的党员

⑤当地政府(如"12345"热线或某一部门)

⑥您的工作单位

17. 您认为,在实践中,您所居住的村(社区)党支部书记当选最重要的因素是什么?(单选)

①经济实力

②家族支持

③上级认可

④政治可靠

⑤人品道德

⑥个人能力

18. 请您阅读以下的题目,并根据自身的真实情况与想法,在相应选项对应的数字后面画"√"(请不要错填或漏填)。

	非常不同意	比较不同意	一般	比较同意	非常同意
当人们内部发生矛盾冲突时,党组织是化解问题的主要主体	1	2	3	4	5

续表

	非常不同意	比较不同意	一般	比较同意	非常同意
党组织可以公平、公正地处理矛盾和冲突	1	2	3	4	5
党组织可以有效地化解矛盾和冲突	1	2	3	4	5
对于党组织的解决方法，人们是认同和支持的	1	2	3	4	5

19. 您认为，您所在的村（社区）中，党组织的组织能力短板主要在哪一方面？（单选）

①部分党员没有被纳入党支部

②党组织的书记缺乏足够权威

③党组织内部缺乏足够的考核奖惩机制

④许多党员不愿意"亮身份"

20. 您认为，以下何种方式最能调动您参与您所在村（社区）公共事务（如志愿服务、议事讨论、调解矛盾、组织娱乐活动等）？（单选）

①提供相应物质奖励

②提供相应荣誉奖励

③提升活动本身质量和效果

④党组织和村（社区）干部更积极发挥带动作用

⑤党组织和村（社区）提供更多精神关怀

参考文献

《毛泽东选集》（第一卷），人民出版社1991年版。

《毛泽东选集》（第四卷），人民出版社1991年版。

《邓小平文选》（第一卷），人民出版社1994年版。

《邓小平文选》（第二卷），人民出版社1994年版。

习近平：《在全国组织工作会议上的讲话（2018年7月3日）》，人民出版社2018年版。

习近平：《论坚持党对一切工作的领导》，中央文献出版社2019年版。

习近平：《在基层代表座谈会上的讲话（2020年9月17日）》，人民出版社2020年版。

《习近平谈治国理政》（第三卷），外文出版社2020年版。

《习近平著作选读》（第二卷），人民出版社2023年版。

《习近平关于全面从严治党论述摘编》，中央文献出版社2016年版。

陈明明：《在革命与现代化之间——关于党治国家的一个观察与讨论》，复旦大学出版社2015年版。

费孝通：《乡土中国 生育制度》，北京大学出版社1998年版。

胡伟：《政府过程》，浙江人民出版社1998年版。

周庆智：《官治与民治：中国基层社会秩序的重构》，社会科学文献出版社2019年版。

周庆智：《县政治理：权威、资源、秩序》，中国社会科学出版社 2014 年版。

周庆智：《在政府与社会之间：基层治理诸问题研究》，中国社会科学出版社 2015 年版。

周庆智：《中国基层社会自治》，中国社会科学出版社 2017 年版。

周庆智：《中国县级行政结构及其运行——对 W 县的社会学考察》，贵州人民出版社 2004 年版。

［美］杜赞奇：《文化、权力与国家：1900—1942 年的华北农村》，王福明译，江苏人民出版社 2010 年版。

［美］G. 萨托利：《政党与政党体制》，王明进译，商务印书馆 2006 年版。

［美］吉尔伯特·罗兹曼主编：《中国的现代化》，国家社会科学基金"比较现代化"课题组译，江苏人民出版社 1995 年版。

［美］李侃如：《治理中国：从革命到改革》，胡国成、赵梅译，中国社会出版社 2010 年版。

［美］理查德·C·博克斯：《公民治理：引领 21 世纪的美国社区》，孙柏瑛等译，中国人民大学出版社 2014 年版。

［美］塞缪尔·P. 亨廷顿：《变化社会中的政治秩序》，王冠华、刘为等译，上海人民出版社 2008 年版。

［美］约翰·克莱顿·托马斯：《公共决策中的公民参与》，孙柏瑛等译，中国人民大学出版社 2010 年版。

后　　记

本书由中国社会科学院政治学研究所研究员周庆智的研究团队与山西省阳泉市矿区区委组织部合作，在对阳泉市矿区党建引领基层社区治理实践进行实地调研和问卷调查的基础上完成的。

本书由周庆智教授策划并提出研究主题、立论基础及撰写纲目，最后由周庆智教授统筹、定稿和审定。

承担本书各部分撰写工作的人员情况如下：前言、第一部分、第二部分、第七部分：周庆智（中国社会科学院政治研究所研究员）；第三部分、第四部分、第五部分：刘杨（西安翻译学院教授）；第六部分：刘杨（西安翻译学院教授）、丛瑞安（清华大学社会科学学院博士研究生）、李梓琳（北京大学政府管理学院硕士研究生）。实地调研资料整理由刘杨、丛瑞安、李梓琳完成。

本书得到阳泉市矿区广大干部群众的大力支持和配合，参与人员众多，恐有疏漏，故不一一列出名字，在此一并致谢。

周庆智
2024 年 9 月